Hubert Zaremba

# WANDERFÜHRER HIRSCHWALD

*Die schönsten Touren zwischen Amberg, Kastl und Schmidmühlen*

BUCH- UND KUNSTVERLAG OBERPFALZ

# Vorwort

Ich heiße Hubert Zaremba und arbeite seit 2007 als Tourismusreferent für den Landkreis Amberg-Sulzbach. Ich wohne in Amberg und habe den Hirschwald quasi vor meiner Haustüre. In meiner Freizeit bin ich viel im Naturpark unterwegs. Für mich als Geografen und Hobby-Fossiliensammler sind die Juralandschaft der Region und ihre Entstehung besonders interessant.

Der Hirschwald gilt als das grüne Herz der Oberpfalz. Auf den ersten Blick wirkt er unscheinbar. Die Schätze des Hirschwaldes erschließen sich oft erst auf den zweiten Blick. Dies können die zahlreichen schönen Orchideen sein oder die Fledermäuse, von denen aktuell 19 der 24 in Deutschland vorkommenden Arten im Hirschwald leben.

Frauenschuh

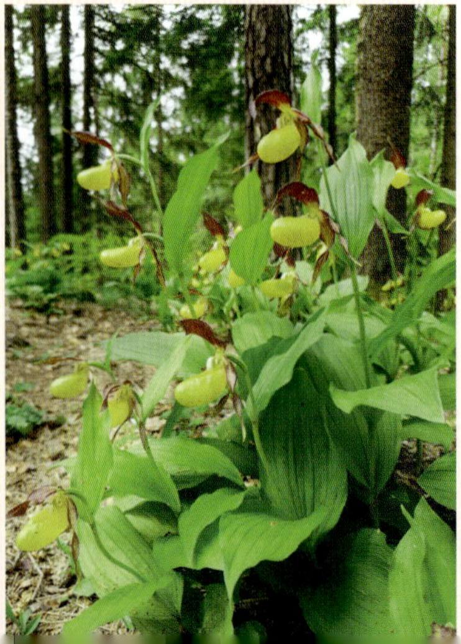

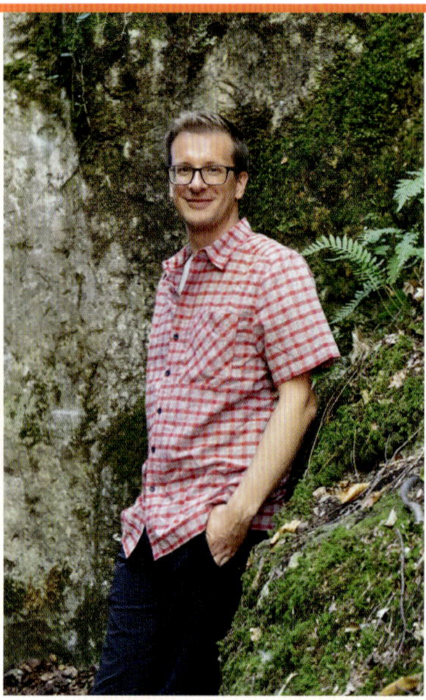

Hubert Zaremba

Als Jäger und Wanderer liegt mir natürlich das Verhalten der Waldbesucher am Herzen. Es gibt so viele tolle Wege im Hirschwald, die man nutzen kann. Es ist deswegen gar nicht nötig, querfeldein durch den Wald zu laufen. Viele Tierarten wie der Schwarzstorch oder das Rotwild sind sehr störungsempfindlich. Wenn das Rotwild zu oft gestört wird, verlässt es aus Angst seine Einstände nicht mehr. Es tritt nicht mehr auf die Äsungsflächen aus und verursacht im Wald große Forstschäden. In Bayern darf das Rotwild ohnehin nur auf 14 % der Landesfläche vorkommen. Dazu gehört auch der Hirschwald. Lassen wir also dem Charakterwild unseres Naturparks seine Ruhe.

Mein Kollege Uwe Stanke stellte den Kontakt zwischen mir und dem Verlag her, der

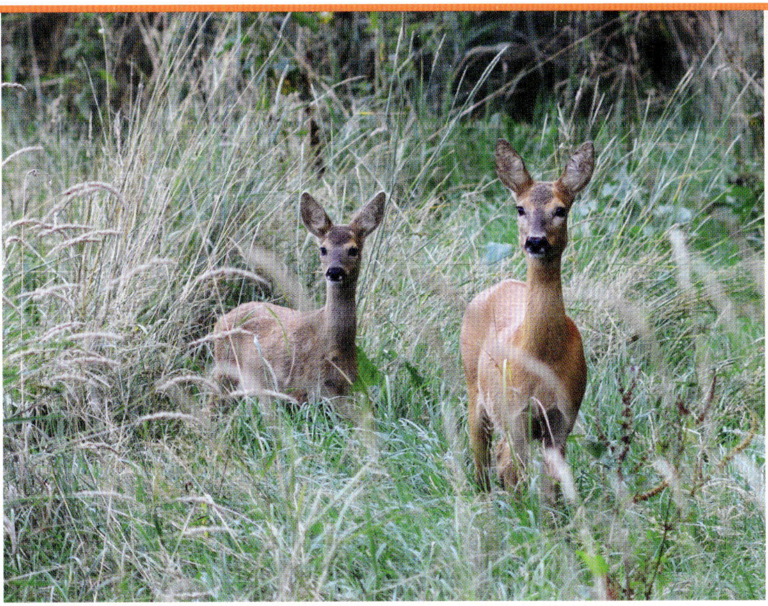

Rehwild ist die häufigste Wildart im Hirschwald.

ein Wanderbuch zum Hirschwald veröffentlichen wollte. Nach kurzem Überlegen habe ich zugesagt. Natürlich wusste ich damals nicht, wie viel Arbeit auf mich zukommt. Im Hirschwald gibt es zahlreiche Wanderwege, doch ich musste mich für etwa 20 Touren entscheiden. Ich habe mich bewusst für Rundtouren entschieden, bei denen man wieder an den Ausgangspunkt zurückkommt. Des Weiteren war es mir wichtig, den Asphaltanteil bei den vorgestellten Wanderungen möglichst gering zu halten. Alle Touren habe ich selbstverständlich persönlich getestet. Bedauerlicherweise findet man nicht auf jeder Tour eine Einkehrmöglichkeit, so dass unbedingt an Proviant und ausreichend Getränke beim Wandern gedacht werden sollte.

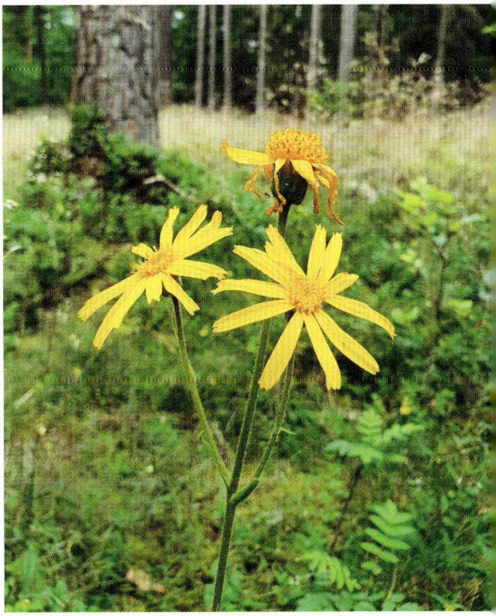

Vom Aussterben bedroht: Die Arnika

# Inhaltsverzeichnis

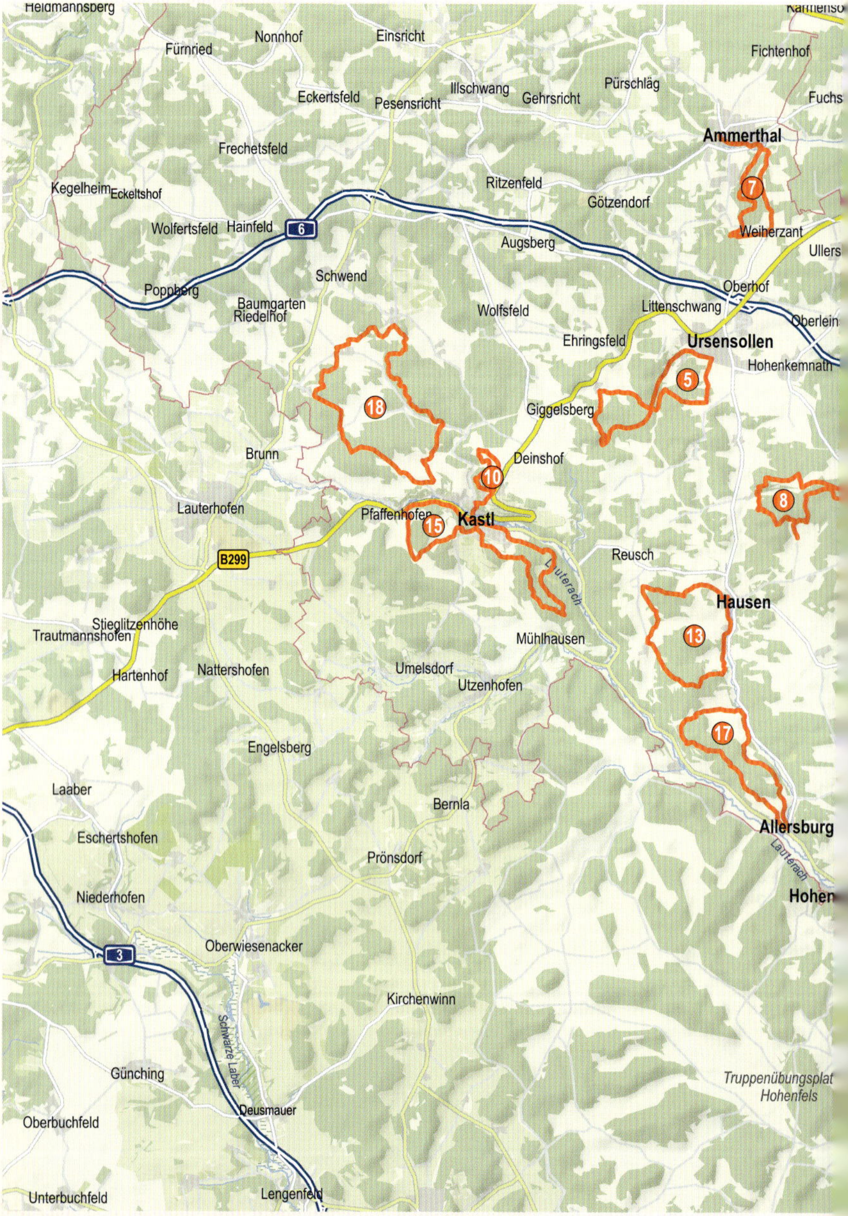
Heldmannsberg
Fürnried
Nonnhof
Einsricht
Fichtenhof
Eckertsfeld
Pesensricht
Illschwang
Gehrsricht
Pürschläg
Fuchs
Ammerthal
Frechetsfeld
Kegelheim
Eckeltshof
Ritzenfeld
Götzendorf
7
Wolfertsfeld
Hainfeld
6
Augsberg
Weiherzant
Ullers
Poppberg
Schwend
Oberhof
Baumgarten
Riedelhof
Wolfsfeld
Littenschwang
Oberlein
Ehringsfeld
Ursensollen
Hohenkemnath
5
18
Giggelsberg
Brunn
Deinshof
10
8
Lauterhofen
Pfaffenhofen
15
Kastl
B299
Reusch
Lauterach
Hausen
Stieglitzenhöhe
Trautmannshofen
13
Mühlhausen
Hartenhof
Nattershofen
Umelsdorf
Utzenhofen
17
Engelsberg
Laaber
Bernla
Allersburg
Eschertshofen
Lauterach
Prönsdorf
Hohen
Niederhofen
3
Oberwiesenacker
Kirchenwinn
Schwarze Laber
Günching
Truppenübungsplat
Hohenfels
Deusmauer
Oberbuchfeld
Unterbuchfeld
Lengenfeld

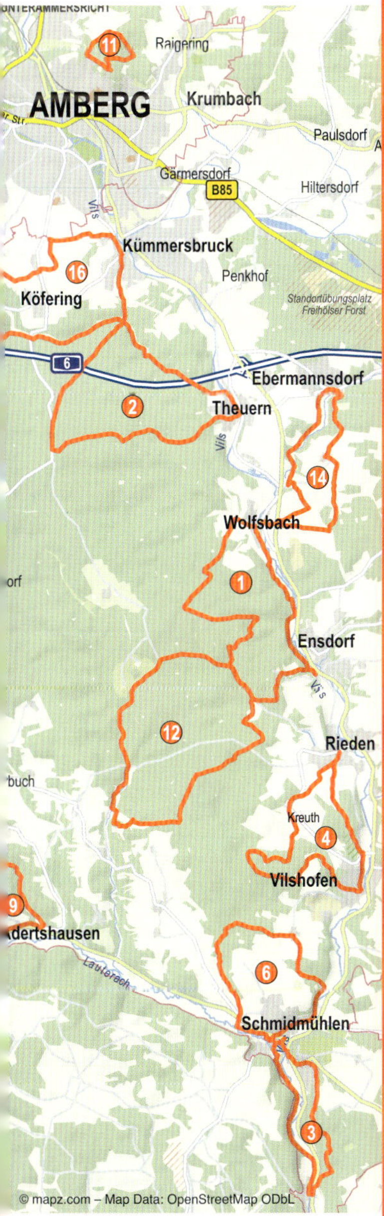


1. Durch den **Hirschwald bei Ensdorf**
2. Durch das **Mühltal nach Waldhaus**
3. Durch das **Vilstal bei Schmidmühlen**
4. Von **Rieden zum Gut Matheshof**
5. Vom **Burgstall Scharfenberg zur Hoibruck**
6. Auf **Jurasteig und Wacholderwanderweg um Schmidmühlen**
7. Durch das **Görgltal zum Wörgelloch**
8. Von **Heinzhof zur Wallfahrtskirche Zant**
9. Durch die **Bayerische Toskana**
10. Auf dem **Wacholderwanderweg übers Hochholz bei Kastl**
11. **Um den Mariahilfberg**
12. Durch **den Taubenbacher Forst zur Ruine Roßstein**
13. Auf dem **Hausener Höhenweg**
14. Durch das **Elsenbachtal zur Ebernburg**
15. Um den **Rechenfels**
16. Rund um **Köfering**
17. Durch das **Hausener Tal und Lauterachtal bei Allersburg**
18. Durch das **Birgland zum Haintal**

# Hirschwald – ein Name mit drei Bedeutungen

Der Name Hirschwald hat drei Bedeutungen. Es kann zum einen die Ortschaft gemeint sein, zum anderen der Forst, in dem man beispielsweise zum Schwammerlsuchen geht, oder drittens der Naturpark als Großschutzgebiet bzw. Gebietskulisse.

Der Ort Hirschwald ist aus der Ortschaft Gumpenhof entstanden. Kurfürst Friedrich II. kaufte den Grundbesitz auf und wandelte den Ort ab 1513 zum Jagdschloss mit etlichen Nebengebäuden um. Alle bestehenden Gebäude wurden abgerissen, lediglich die Kirche blieb erhalten. Der Neubau des Schlosses muss vor 1538 abgeschlossen worden sein, denn in diesem Jahr kam Pfalzgraf Friedrich mit großem Gefolge und 128 Pferden für mehrere Tage zur Jagd nach Hirschwald. Vom Schloss selbst ist heute nur noch das Torhaus erhalten.

Der Hirschwald als Forst ist heute eine große zusammenhängende Waldfläche. Diese wird nur durch wenige Straßen durchschnitten und durch kleine Rodungsinseln wie die Ortschaften Hirschwald oder Ober- und Unterbernstein mit ihren umgebenden Feldfluren unterbrochen. Der Hirschwald ist überwiegend Wirtschaftswald, der größtenteils in Privat- oder Kommunaleigentum ist.

Die Ortschaft Hirschwald

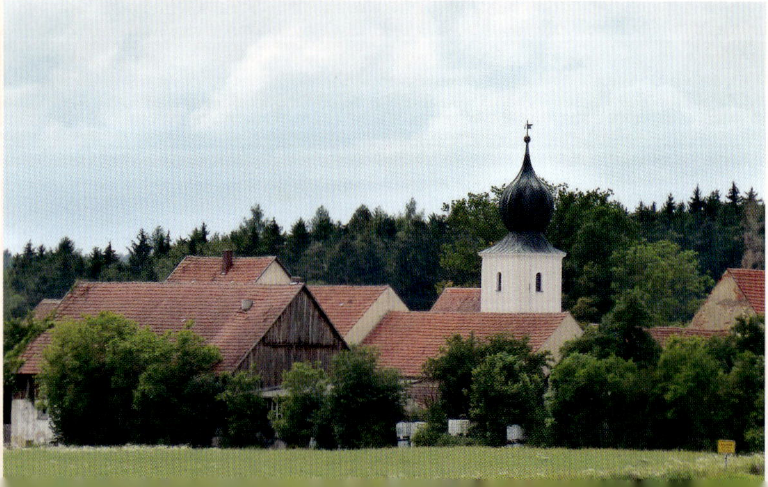

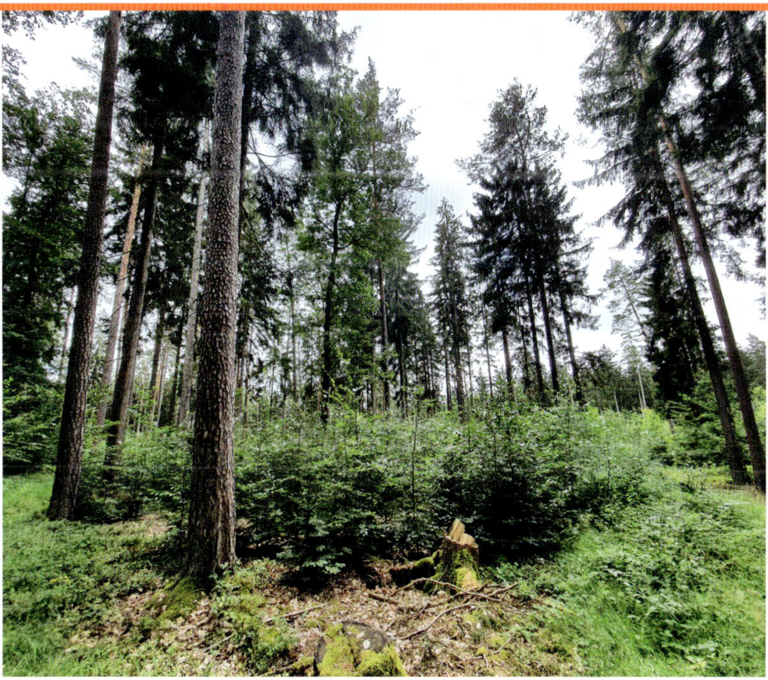

Wirtschaftswald und Waldumbau – unter dem Fichten- und Kiefernschirm wurden junge Buchen gepflanzt.

Der Naturpark Hirschwald wurde 2006 als 17. bayerischer Naturpark anerkannt. Er umfasst eine Fläche von etwa 278 km², davon sind 57 % als Schutzgebiete ausgewiesen. Ziele des Naturparks sind z.B. die Sicherung, Pflege und Entwicklung von Lebensräumen gebietstypischer Arten und Artengemeinschaften, die Entwicklung von Bildungs- und Erlebnisangeboten oder die Förderung der Regionalentwicklung und -vermarktung durch Stärkung regionaler Wirtschaftskreisläufe.

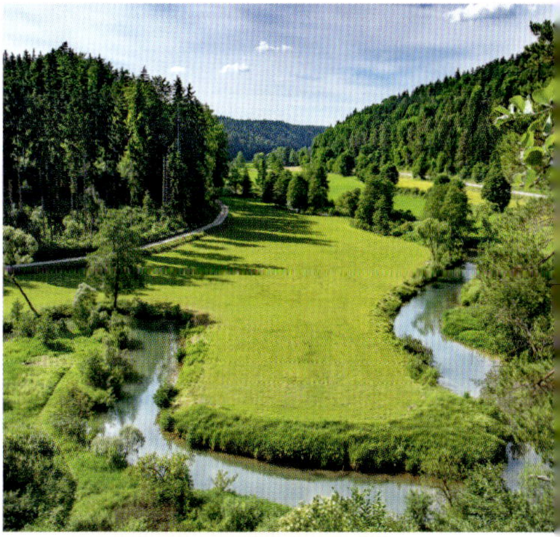

Das Lauterachtal im Naturpark Hirschwald

# Eine kleine Waldgeschichte

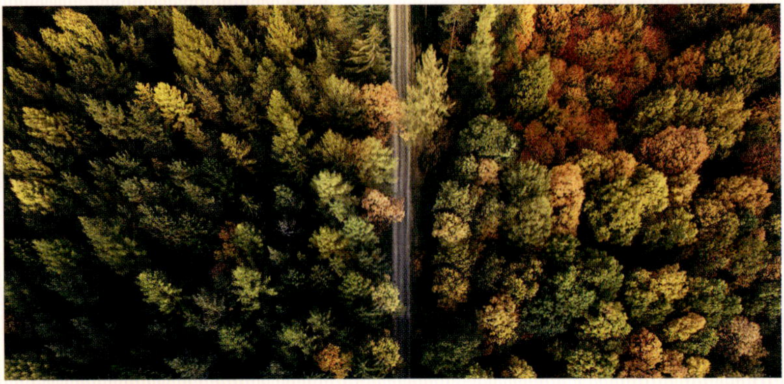

Wirtschaftswald im Hirschwald

Ursprünglich waren in der Region Laubmischwälder verbreitet. Auf den Jurahochflächen war dies ein submontaner Kalk-Eichen-Buchenwald mit Rot- und Hainbuchen, Eichen und Linden. In den Flussauen dominierten Bruch-, Moor- und Auwälder mit Eschen und Erlen. Das heutige Waldbild hingegen ist geprägt von Nadelbäumen. Die Dominanz dieser Kiefern- und Fichtenforste ist das Ergebnis weitreichender historischer Entwicklungen.

Die Region verfügte über große Vorkommen von Eisenerz. Das Erz wurde schon früh abgebaut und zu Eisen weiterverarbeitet. Das Montanwesen hatte einen enormen Holzbedarf, denn die Eisenverarbeitung benötigte riesige Mengen an Holzkohle. Die Anfänge der regionalen Montangeschichte reichen bis in die keltische Eisenzeit zurück und dauerten bis in die Neuzeit an. Noch heute sind alte Erzabbaustellen und Köhlerplätze im Wald erkennbar. Ebenso lassen zahlreiche Flurnamen wie Grubenholz, Meilergestell oder Erzberg Rückschlüsse auf die frühere Nutzung zu.

Im Hirschwald findet man zahlreiche historische Erz-Abbaustellen.

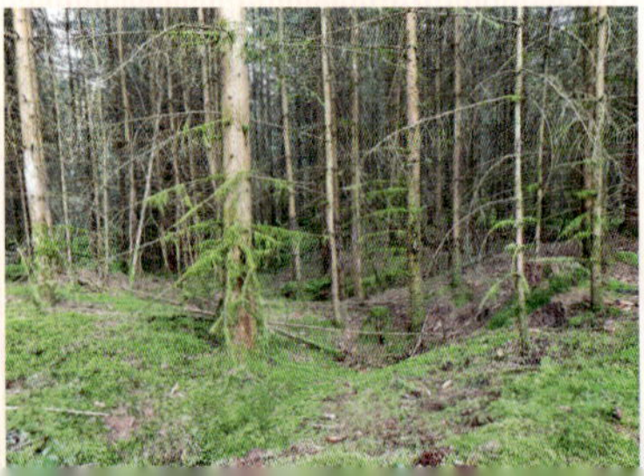

Schon früh zeichnete sich eine Übernutzung der Wälder ab. Der Fund einer karolingerzeitlichen Schmiede aus dem 9. Jahrhundert in Kümmersbruck zeigte, dass diese wohl wegen Holzmangels aufgegeben werden musste. Bereits im 12. Jahrhundert ist von einer großflächigen Entwaldung weiter Gebiete auszugehen. Auch schriftliche Quellen belegen einen Mangel an Kohlholz. Noch im 17. Jahrhundert benötigte man zur Herstellung von 1 t Roheisen 8 t Holzkohle, die aus rund 30 t Holz gewonnen wurden. Es entstanden sog. Waldordnungen, die den Holzeinschlag zu regulieren versuchten.

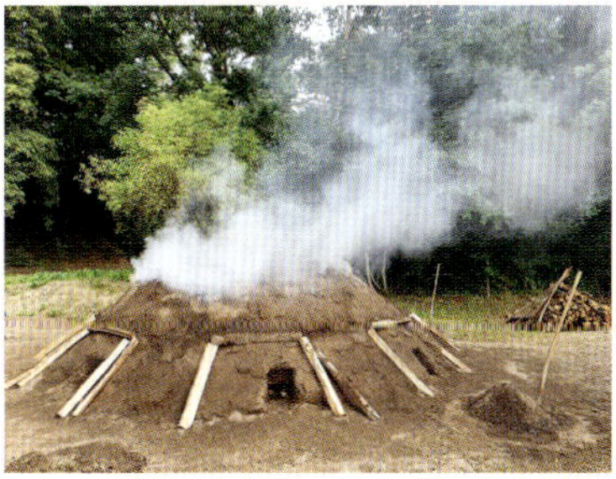

*Wiederbelebtes Köhlerhandwerk in Ebermannsdorf*

Auch die Trockenrasengesellschaften mit den typischen Wacholderheiden – beispielsweise im Lauterachtal deutlich sichtbar – sind das Ergebnis des immensen Holzbedarfs. Nach der Abholzung erodierte ein Teil der Bodenkrume, und die Flächen wurden durch kontinuierliche Beweidung offen gehalten. Lediglich der Wacholder wurde nicht abgefressen. So entstanden die heute ökologisch so wertvollen Magerrasenflächen.

Aufforstungen fanden bis in das 20. Jahrhundert hinein mit schnell wachsenden Fichten und Kiefern statt. Besonders in ländlichen Gebieten der Oberpfalz war Brennholz bis in die 1950er Jahre hinein eine wichtige Energiequelle. Auch der enorme Bedarf an Bauholz nach dem zweiten Weltkrieg trug sein Übriges dazu bei. Bis heute ist Nadelholz als Bauholz für Dachstühle, als Papier- oder Industrieholz unverzichtbar. Regionales Holz hat eine gute Klimabilanz. Es müsste sonst aus dem Ausland importiert werden, wo es zum Teil illegal in Schutzgebieten geschlagen wird.

Sommerhitze, Dürre, Stürme und Schädlinge haben dem Wald in den letzten Jahren erheblich zugesetzt. Deswegen arbeiten die Bayerischen Staatsforsten und die meisten privaten Waldbesitzer mit Hochdruck am Waldumbau. Ziel ist die Schaffung klimastabiler Wälder mit vielen Baumarten in allen Altersklassen. Wo Naturverjüngung nicht möglich ist, werden Stecklinge in die Althölzer und in gezäunte Kulturen gepflanzt. Die Aufforstung erfolgt vor allem mit Douglasien, Weißtannen, Buchen und Eichen. Doch auch mit Edelhölzern wie Kirsche, Ahorn, Nussbaum und Esskastanie gibt es je nach Standort gute Erfolge.

*Wacholderheiden im Lauterachtal*

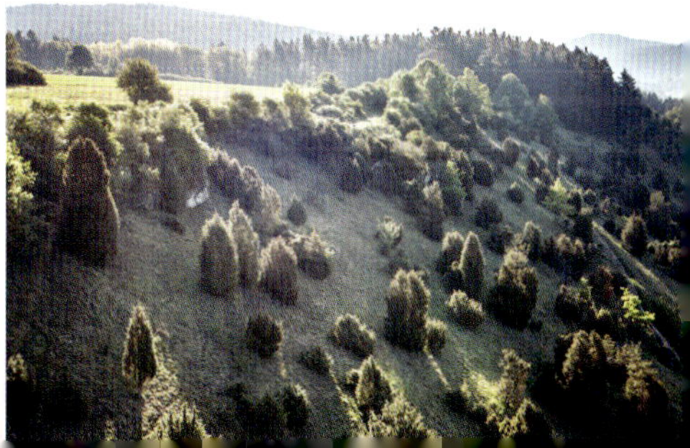

# Respektvoll mit und in der Natur

Nicht erst seit der Pandemie zieht es immer mehr Leute in die heimische Natur. Egal ob zu Fuß oder mit dem Fahrrad – jeder möchte die Natur genießen. Sie ist für uns alle ein wertvolles Gut, deshalb muss jeder seinen Beitrag zu ihrem Schutz leisten. Daher gibt es ein paar Regeln, deren Einhaltung uns allen zugutekommt:

1. Auf den markierten Wegen bleiben, zum Schutz der Tier- und Pflanzenwelt und aus Respekt vor fremdem Eigentum.
2. Blumen und Farne bitte nicht pflücken, auch unscheinbare Pflanzen können geschützte Arten sein.
3. Parken nur auf ausgewiesenen Parkplätzen, land- und forstwirtschaftliche Wege oder Flächen sind tabu.
4. Hunde bitte anleinen, dies dient zum Schutz der Wildtiere. Hundekot bitte entsorgen.
5. Nichts hinterlassen – Müll, Taschentücher, Zigarettenkippen etc. gehören nicht in die Natur.
6. Campen und offenes Feuer sind absolut verboten.
7. In Schutzgebieten auf die Beschilderung und die jeweiligen Vorschriften achten.
8. Das Betreten von Forstkulturen und Kulturzäunen ist nicht erlaubt.
9. Bitte Tageszeit beachten, Wald und Wiesen in der Dämmerung und in der Nacht nicht befahren oder begehen. Tiere brauchen nachts ihre Ruhe.
10. Mountainbiken und Radfahren bitte nur auf ausgewiesenen Wegen.

*(Quelle: Tourismusverband Ostbayern e.V.)*

# Wandern mit GPS

Dieses Buch ist so aufgebaut, dass Sie die Wege mithilfe der Tourbeschreibungen und der abgebildeten Karte auch ohne moderne Technik finden können. Es kann aber sicher nicht schaden, wenn man im Zweifelsfall auf technische Hilfsmittel zurückgreifen kann; besonders nutzlich ist die elektronische Unterstützung auf unmarkierten Streckenabschnitten. Deshalb bieten wir unseren Lesern auf der Webseite des Verlags die GPS-Daten zu diesem Wanderführer kostenlos zum Download an. Die Adresse der Webseite lautet: **https://gps.battenberg-gietl.de/**. Geben Sie zuerst das Passwort **m57D3v3T** in das entsprechende Feld ein und klicken Sie dann bei der Tour Ihrer Wahl auf den Download-Button.

Die GPS-Daten wurden sorgfältig vom Autor erstellt. Es kann aber vorkommen, dass Ihre Position aus technischen Gründen nicht exakt angezeigt werden kann. Mithilfe der Wegbeschreibungen und einer Wanderkarte sollten Sie sich aber stets orientieren können.

Die Touren sind im gängigen GPX-Format gespeichert. Sie können einzelne Touren direkt herunterladen oder gleich alle auf einmal; in dem Fall erhalten Sie eine ZIP-Datei, die Sie erst einmal „entpacken" müssen.

Um die GPS-Daten benutzen zu können, benötigen Sie ein Smartphone (iPhone oder Android) mit GPS-Empfänger und eine App, die GPX-Dateien darstellen kann (z.B. Komoot, Bergfex, Outdooractive o.Ä.). Sie sollten nach Möglichkeit die Dateien so speichern, dass Sie sie offline nutzen können, da häufig Wälder und Berge beim Netzausbau nicht vorrangig behandelt werden und es im Online-Betrieb bei schlechtem Netz zu lästigen Verzögerungen kommen kann.

Navigationsaufgaben verursachen meist einen höheren Energieverbrauch auf dem Smartphone. Achten Sie daher besonders bei längeren Touren darauf, dass der Akku ausreichend aufgeladen ist.

## Hinweis zu den Öffnungszeiten von Gaststätten

Es kann immer zu spontanen Änderungen von Öffnungszeiten oder auch zu generellen Schließungen kommen. Wir bitten Sie, dies bei Ihrer Tourplanung zu berücksichtigen und sich vorab selbst über die tagesaktuellen Öffnungszeiten der jeweiligen Gaststätte zu informieren – telefonisch oder auf der Website (falls vorhanden).

# Durch den Hirschwald bei Ensdorf

**Schwer**

**12,8 km**

**↓↑ 280 m**

**4 Std.**

**Eggenberg – (Palkering) – Hubertuskapelle – Weiherschachten – Wolfsbach – Leidersdorf – Ensdorf**

Längere Rundwanderung durch den Hirschwald mit einigen An- und Abstiegen.

**Markierung:**
EN, WO, Erzweg (rotes Kreuz), Vilstalwanderweg (blaues Schrägkreuz)

**Parken:**
Am Wanderparkplatz in der Eggenbergstraße in Ensdorf

**Tourist-Information:**
Rathaus Ensdorf
Hauptstraße 4
92266 Ensdorf
Tel. 09624 903330

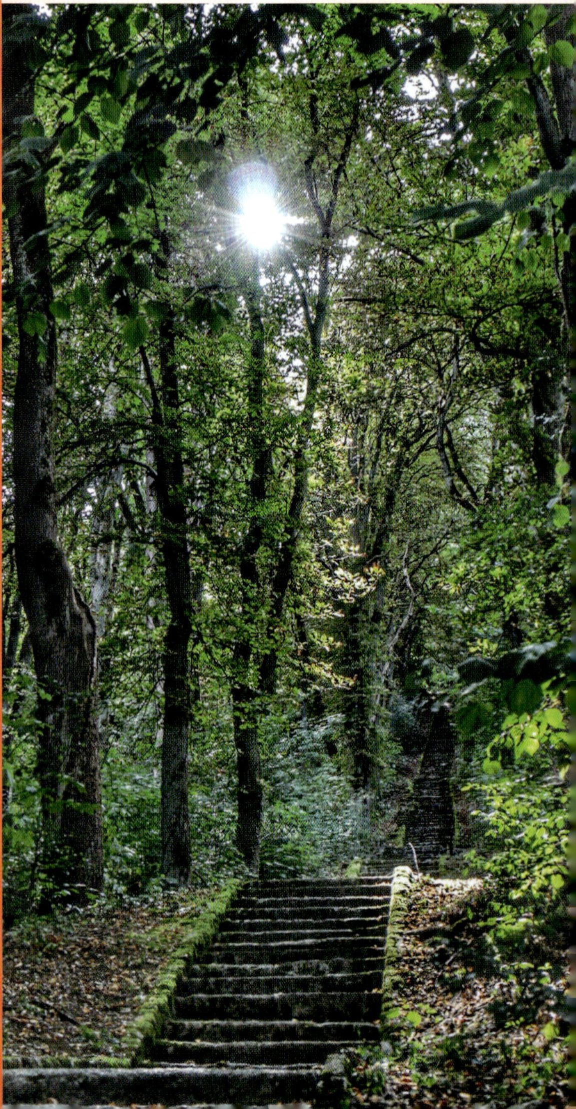

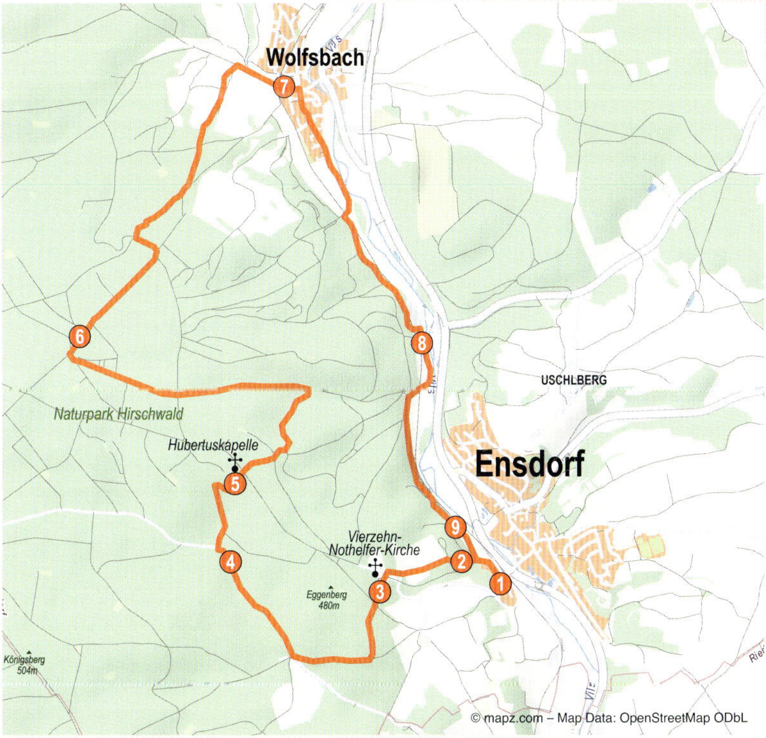


1. Wanderparkplatz in der Eggenbergstraße in Ensdorf - Start/Ziel
2. Beginn Stufenanlage
3. Wallfahrtskirche auf dem Eggenberg
4. Waldwichtelweg
5. Hubertuskapelle
6. Weiherschachten
7. ehemalige Bahnbrücke
8. Hammerschloss Leidersdorf
9. Steinbergwand

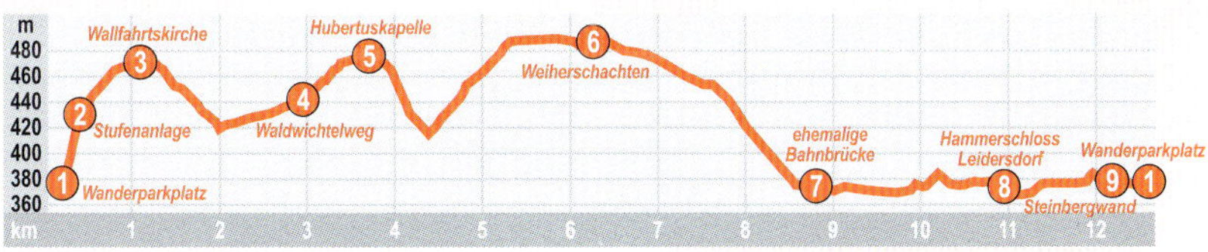

Die Tour startet am Wanderparkplatz am Eggenbergweg, ❶ von dem aus wir der Straße nach Norden folgen, ehe wir zu einer beeindruckenden Treppenanlage kommen. ❷ Zielstrebig steigen wir die 218 Stufen auf den Eggenberg hinauf. Links und rechts breitet sich ein paradiesischer Laubwald aus Kastanien, Ahorn und Eichen aus. So gelangen wir zum Landschaftskino, das den Anstieg mit einem schönen Blick auf das Kloster Ensdorf belohnt. Rechts hinter einer Kreuzigungsgruppe vorbei gehen wir der Markierung EN folgend links bergan – zunächst parallel zum Wald – und kommen zur Wallfahrtskirche auf dem Eggenberg. ❸ Die Kirche St. Dionys und Nothelfer geht auf den Eggenbergbauern Johann Forster zurück. Der erste Bau dürfte 1700 fertiggestellt worden sein, es folgten Erweiterungen 1732 und 1793. Oberhalb der Kirche geht es links in den Wald hinein. Die Asam-Schlaufe des Jurasteigs biegt bald nach links ab, wir nehmen stattdessen die Forststraße geradeaus. Am Wegdreieck wenden wir uns nach rechts und wandern leicht bergab. In der Nähe von Palkering treffen wir bei einem Park- und Holzlagerplatz ❹ auf eine asphaltierte Verbindungsstraße, biegen rechts ab und folgen der Teerstraße für etwa 900 Meter. In einer leichten Linkskurve zweigen wir nach rechts auf einen Forstweg ab. Dort zelebriert ein Waldwichtelweg die Freude am schlechten Geschmack und leitet uns zur unscheinba-

Stufen führen auf den Eggenberg

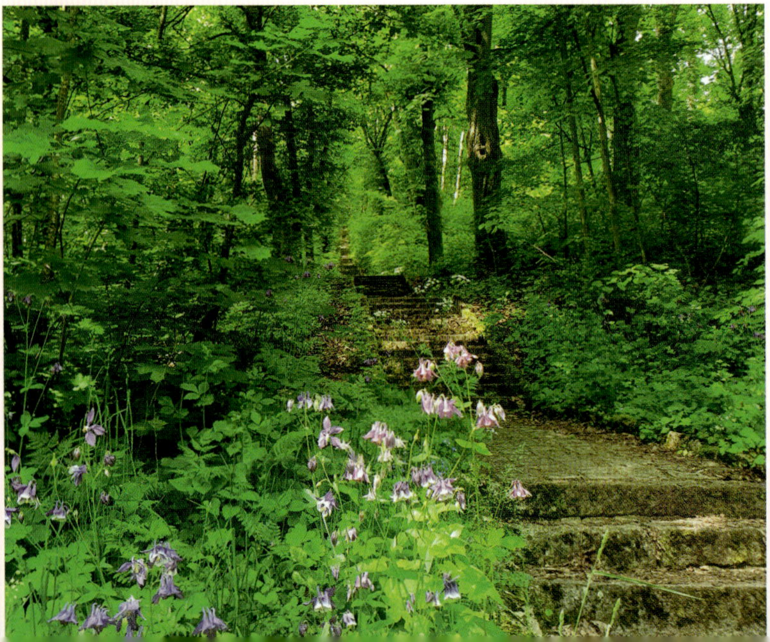

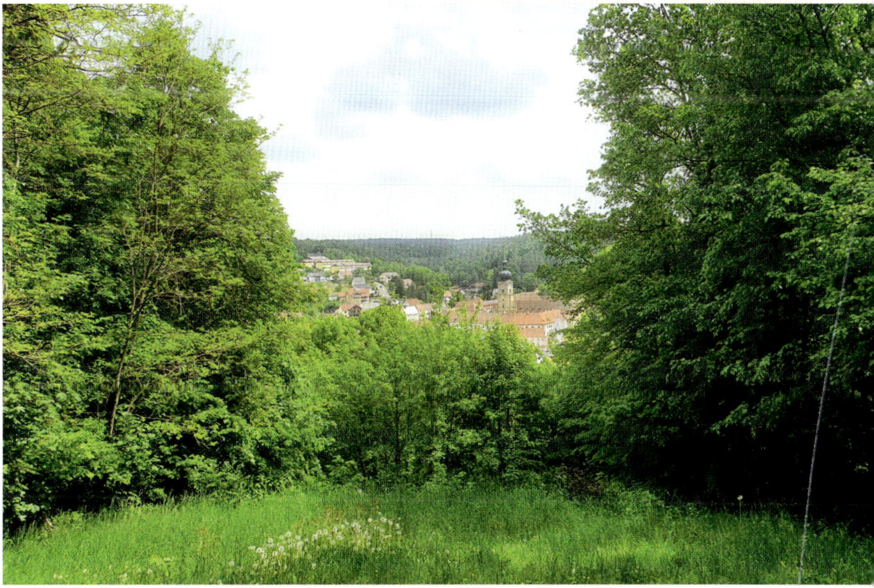

Blick auf Ensdorf vom Landschaftskino auf dem Eggenberg

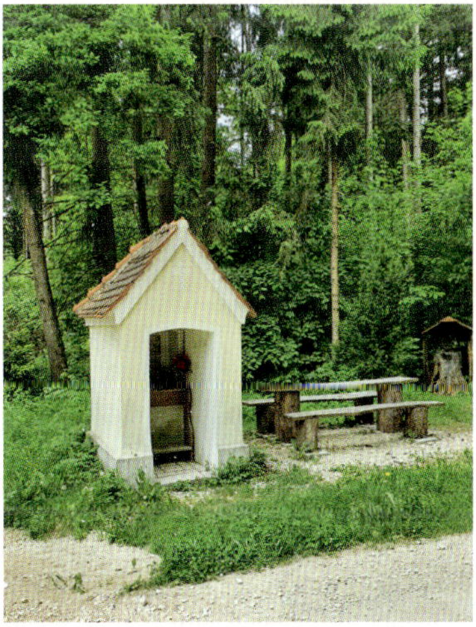

Die Hubertuskapelle

ren Hubertuskapelle. 5 Wir gehen gegenüber von der Kapelle geradeaus in den Wald hinein und wenden uns an der nächsten Kreuzung nach links. Mit 16 % Gefälle windet sich der Weg bergab ins Wassertal. Wir biegen abermals links ab und wandern die als Hammerleite bezeichnete und mit WO markierte Flur stetig langsam bergauf. Wir kommen an einem Marterl vorbei, das eines verunglückten Waldarbeiters gedenkt, und überqueren die nächste Kreuzung in gerader Richtung. Nach weiteren 800 Metern kommen wir wieder an eine Kreuzung, an der wir uns scharf rechts halten. Wir erreichen die Weiherschachten. 6 Diese sind ein herausragendes Feuchtbiotop in der sonst so tro-

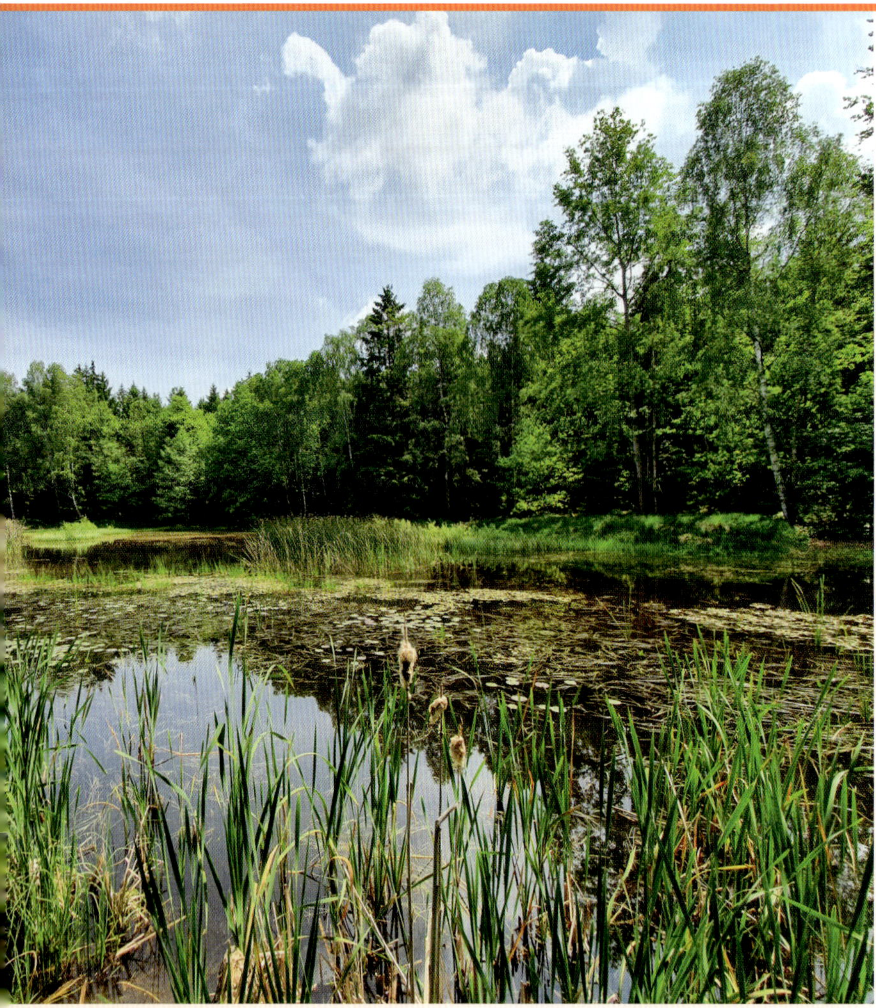

An den Weiherschachten

ckenen Juralandschaft. Im Frühsommer kann man die mit Schilf, Seerosen, Schwertlilien und anderen Pflanzen bewachsenen Teiche aufgrund der zahllosen Frösche viel eher hören als sehen. An der folgenden Weggabelung halten wir uns links und biegen bald darauf rechts ab und folgen nun auch dem Erzweg, der mit einem roten Kreuz markiert ist. Vorsicht: An einer kleinen Gabelung darf man den linken Abzweig nicht verpassen! Der Weg verwandelt sich in einen schmalen Waldpfad, der uns durch einen

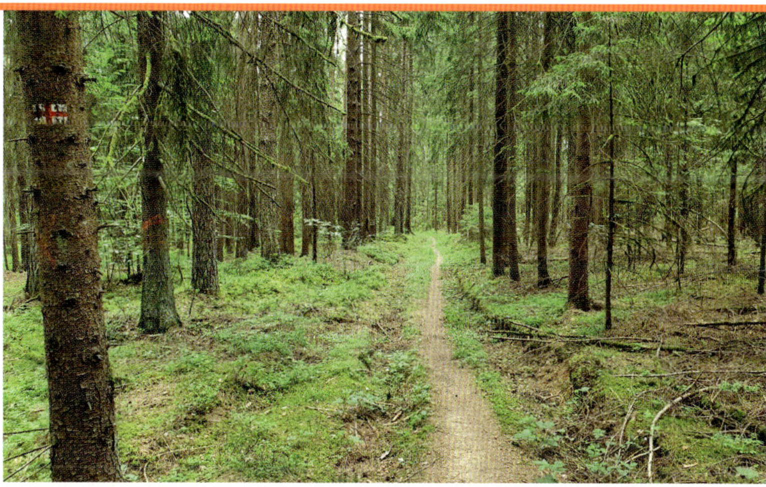

Auf dem Erzweg in Richtung Wolfsbach

dichten Fichtenwald leitet. Wenn wir aus dem Wald heraustreten, blicken wir auf die Feldflur von Wolfsbach vor uns. Wir wandern entlang der Felder auf die Verbindungsstraße Wolfsbach-Waldhaus zu, der wir nach rechts Richtung Wolfsbach folgen. Unter der Eisenbahn- bzw. der Radwegbrücke hindurch wandern wir in den Ort hinein. 7 Vor der Vilsbrücke biegen wir nach rechts in die Von-Holler-Straße ab und werden von nun an von einem blauen Andreaskreuz, der Markierung des Vilstalwanderweges, begleitet. Wir verlassen Wolfsbach und wandern auf einem Wirtschaftsweg ein kurzes Stück an der Vils entlang, überqueren den Radweg und gehen links weiter nach Süden. Bei Lei-

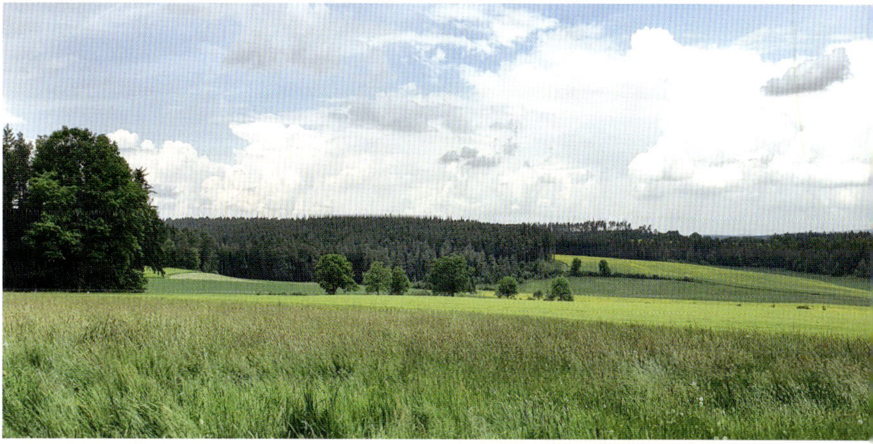

Feldflur bei Wolfsbach

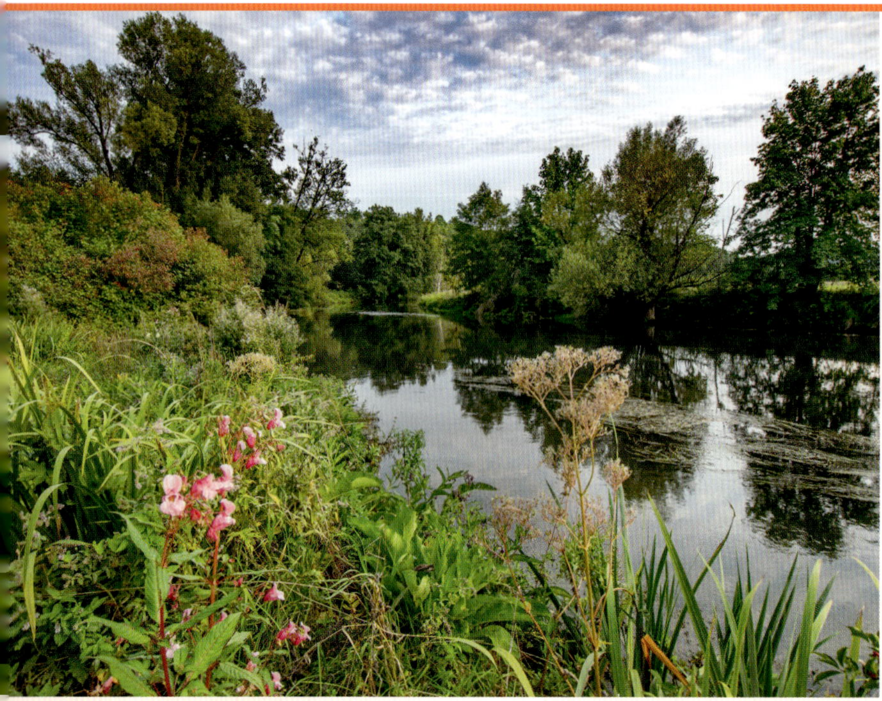

Vils bei Wolfsbach

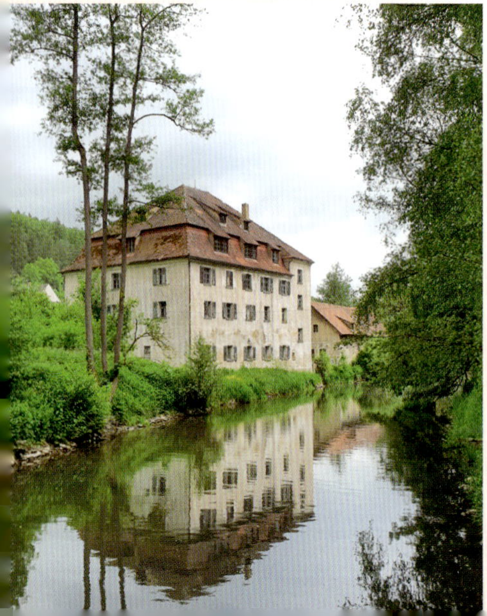

dersdorf überqueren wir abermals den Radweg und wenden uns vor dem alten Hammerschloss nach rechts. 8 Das Hammerschloss ist ein Zeugnis der regionalen Montan- und Industriegeschichte. Zum Schloss gehörte ein Eisenhammer, der unter den Benediktinern im 18. und 19. Jahrhundert eine Blütezeit erlebte. Nach der Säkularisation 1802 wurde er verstaatlicht. 1852 wurde sogar ein Hochofen errichtet, der aber nur wenige Jahre in Betrieb war. Ein kurzes Stück wandern wir an der Vils entlang, ehe erneut

Das ehemalige Hammerschloss in Leidersdorf

der Radweg überquert werden muss. Wir wenden uns halblinks bergauf und wandern in den Wald hinein. Bald darauf kommen wir zur Steinbergwand. 9 Hier hat man die Zeugnisse der ältesten Besiedelung im Amberg-Sulzbacher Land gefunden. Zwei Nutzungsphasen in der Altsteinzeit vor 20.000 Jahren sowie von 8.000 bis 5.000 v. Chr. konnten nachgewiesen werden.

Wir folgen dem Weg weiter und gelangen rasch wieder zum Ausgangspunkt der Wanderung zurück. In Ensdorf selbst sollte man unbedingt einen Blick in die barocke Klosterkirche werfen. Die Deckenfresken sind das Erstlingswerk des berühmten Malers Cosmas Damian Asam. Gegenüber vom Kloster steht der Glockenturm der ehemaligen romanischen Stephanuskirche. Er wurde um das Jahr 1075 erbaut und gehört zu den ältesten vollständig erhaltenen Bauwerken Bayerns.

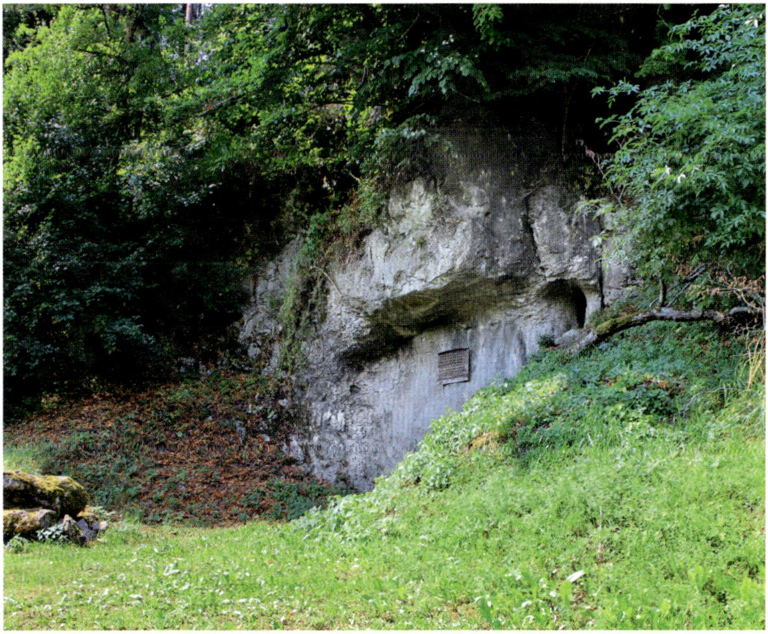

Die Steinbergwand – ein Siedlungsplatz der Altsteinzeit

Essen/Einkehren:

**Gasthaus Schützenheim**
Waldhausstraße 2
92266 Ensdorf-Wolfsbach
Tel. 09624 9226876

# Durch das Mühltal nach Waldhaus

Mittel

11,6 km

↓↑ 169 m

2½ Std.

**Theuern – Mühltal – Waldhaus – Theuern**

Waldreiche Wanderung zur Ausflugsgaststätte Waldhaus.

**Markierung:**
K1

**Parken:**
Parkplatz in der Ortsmitte von Theuern beim Feuerwehrhaus

**Tourist-Information:**
Rathaus Kümmersbruck
Schulstraße 37
92245 Kümmersbruck
Tel. 09621 7080

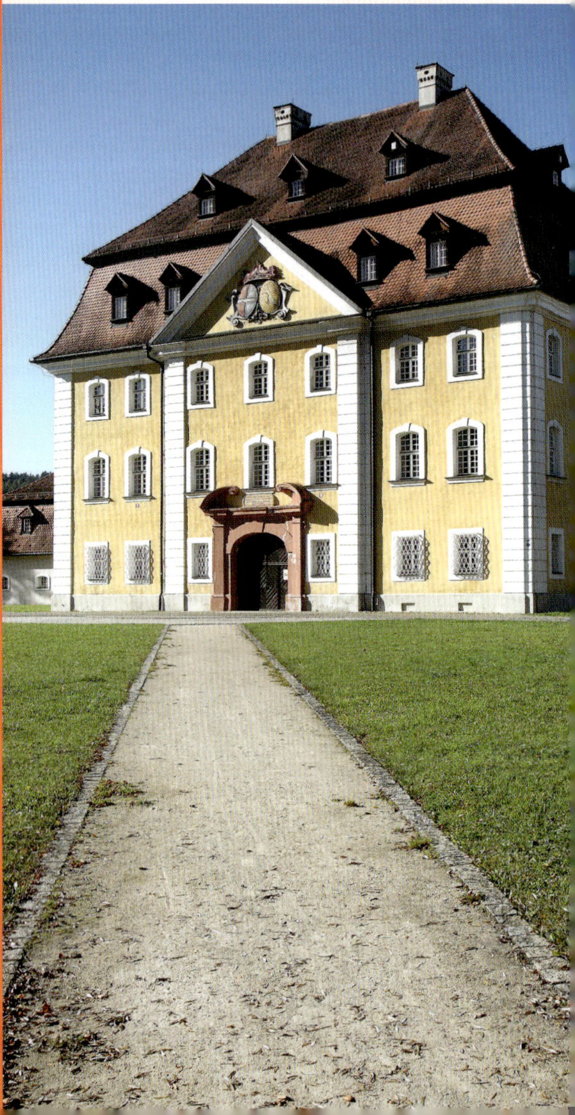

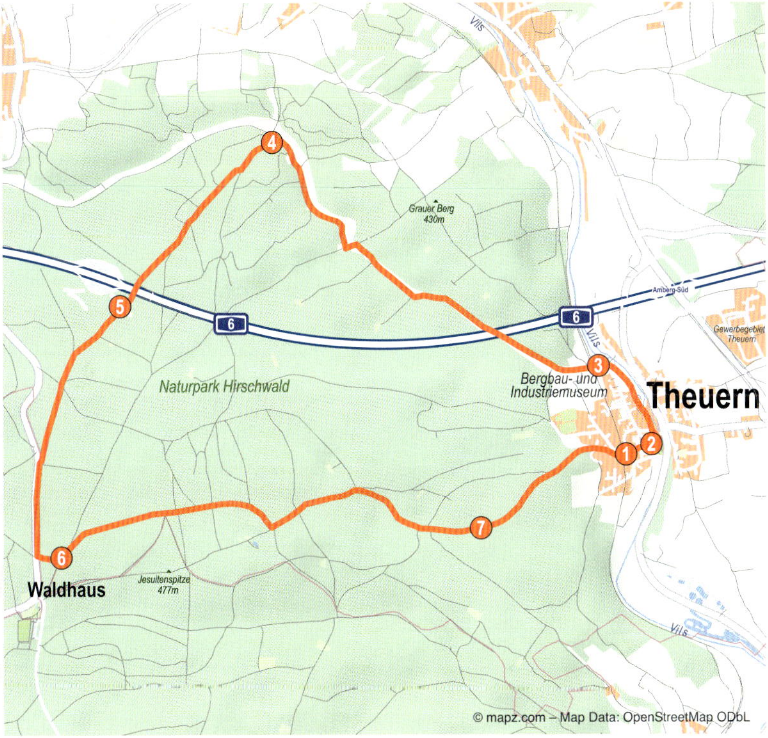


1. Parkplatz in der Ortsmitte von Theuern beim Feuerwehrhaus – Start/Ziel
2. Hammerschloss Theuern
3. Außenanlagen Museum
4. Fuchshübel
5. Sendemast
6. Marterl
7. Wildacker

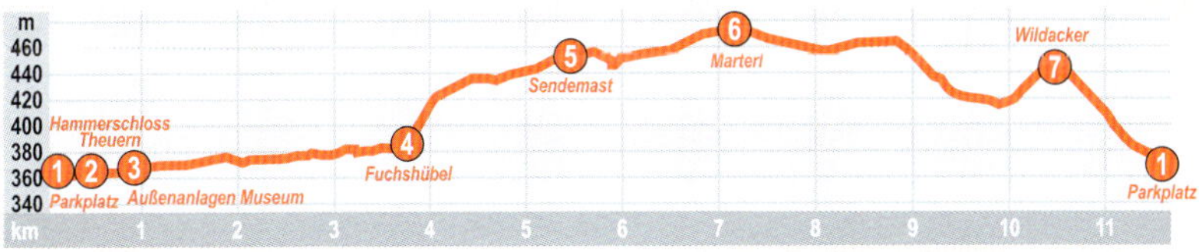

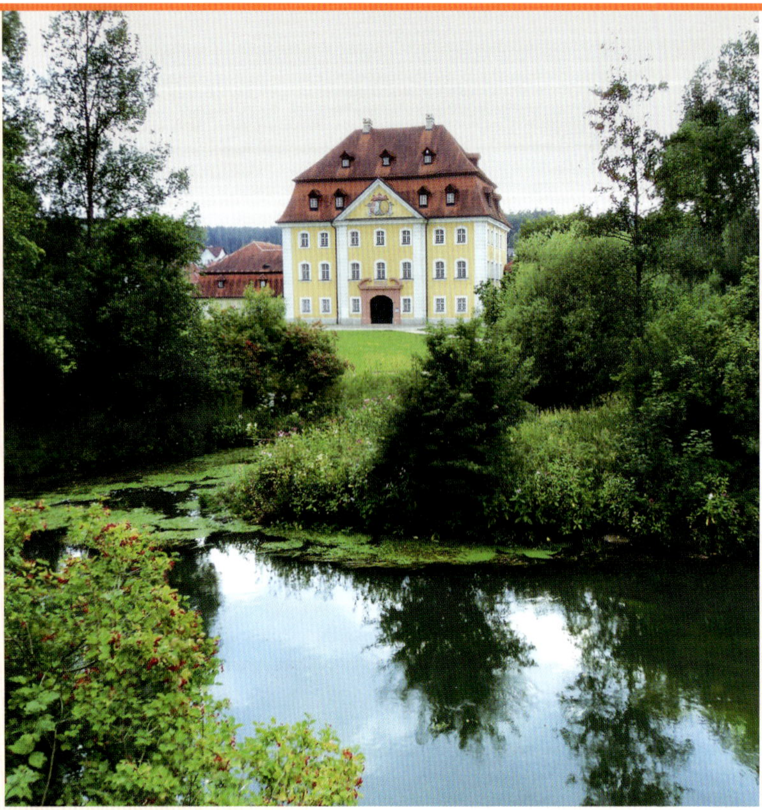

Schloss in Theuern

Wir starten die Tour, die komplett mit K1 markiert ist, am Parkplatz in der Ortsmitte von Theuern ❶ und gehen zunächst Richtung Kirche bzw. Schloss auf die Portnerstraße. ❷ Das Hammerschloss in Theuern ist ein spätbarocker Bau, der 1782 begonnen wurde. Es beherbergt neben Veranstaltungssälen das Bergbau- und Industriemuseum Ostbayern. Es ist allerdings nicht das erste Schloss in Theuern, ein Vorgängerbau wird im unmittelbaren Umfeld der gegenüberliegenden Kirche vermutet.

Vor der Vilsbrücke wenden wir uns nach links in die Castnerstraße. Nach den Wohnhäusern auf der rechten Seite wählen wir den Durchlass im Zaun und gehen auf dem Fußweg durch die Vilsauen. Beim Kneippbecken stoßen wir auf die Außenstellen des Bergbau- und Industriemuseums und vereinzelte Exponate auf der Wiese, darunter eine Straßenwalze der Firma Hamm von 1914. ❸ Vor der Mühle wenden wir uns links, überqueren den Radweg und folgen nun einige Zeit dem Forstweg durch das Mühltal. Auf einer Anhö-

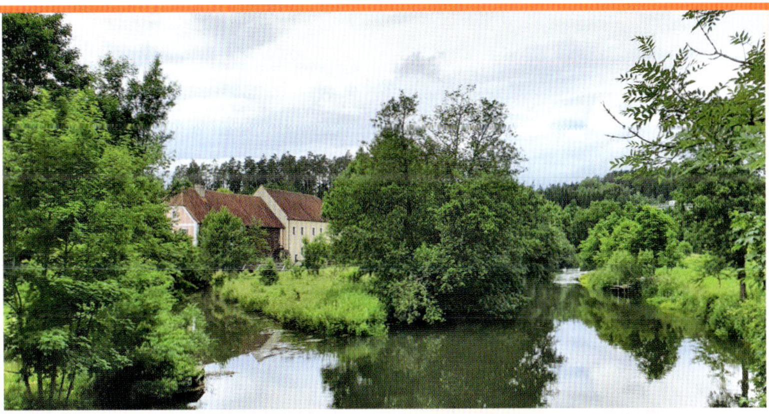

Außenanlagen des Museums in Theuern

he links sehen wir den ehemaligen Förderturm der Grube Bayerland aus Waldsassen, der für das Museum an diese Stelle transferiert wurde.

Die Route führt uns zunächst unter der Autobahn hindurch, beiderseits begleitet von Wald an den Talhängen. Vereinzelte Wacholderbüsche weisen darauf hin, dass die Hänge einst wesentlich weniger bewaldet waren. Wir folgen den Mäandern des Mühltals, das heute ein Trockental darstellt. Es wurde einst von einem Vorgängerfluss der Vils angelegt. Der Forstweg wechselt mehrmals die Talseite. Etwa 2,1 km nach der Autobahnbrücke

Weg durch das Mühltal

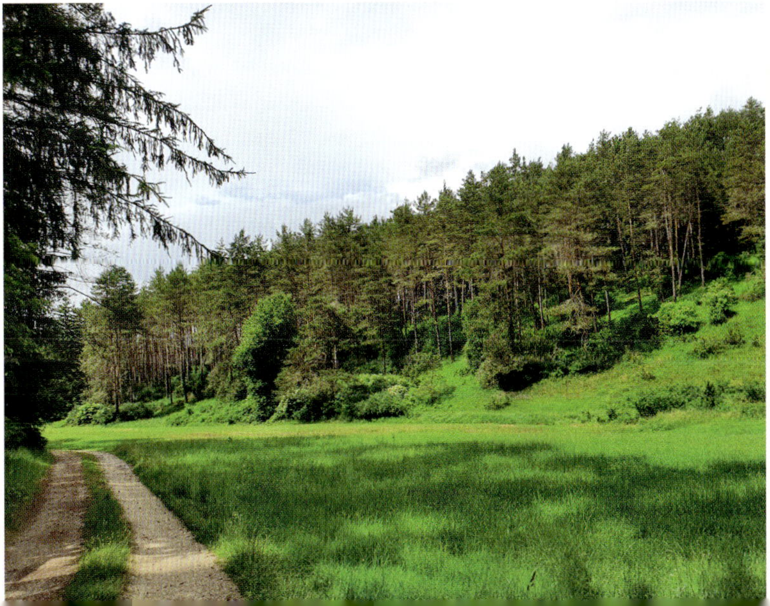

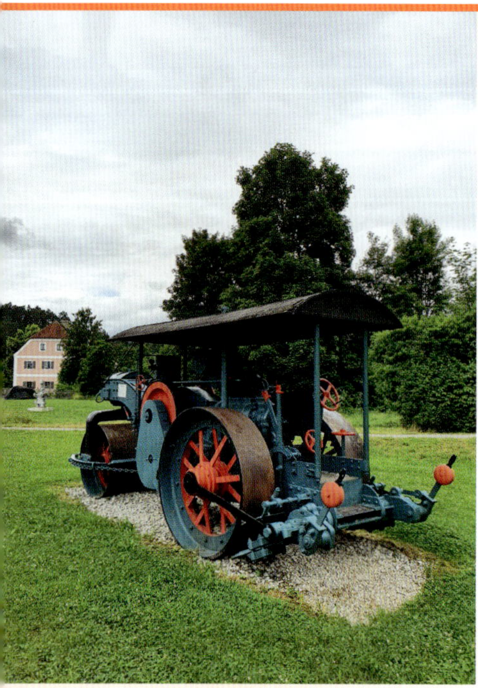

befinden wir uns auf Höhe des sog. Fuchshübels und fast am nördlichsten Punkt des Mühltals. 4 An einer Kreuzung biegen wir links ab und folgen der Markierung bergauf. An der nächsten Gabelung halten wir uns rechts, unterqueren bald die Autobahn geradeaus und wandern an einem Sendemast vorbei. 5 An der folgenden Gabelung halten wir uns links, die nächste Kreuzung überqueren wir geradeaus. Die Route stößt schließlich bei einem Holzlagerplatz auf die Waldhausstraße. Hier müssen wir nun ein kurzes Stück an der Straße entlang wandern. Auf Höhe des Straßenschildes Hirschwald / Mendorferbuch können wir aber wieder links in den Forstweg einbiegen. Nach wenigen Metern steht auf der der rechten Wegseite ein steinernes Marterl, 6 von dem aus ein

Historische Straßenwalze von 1914 in Theuern

Wildschweine in Waldhaus

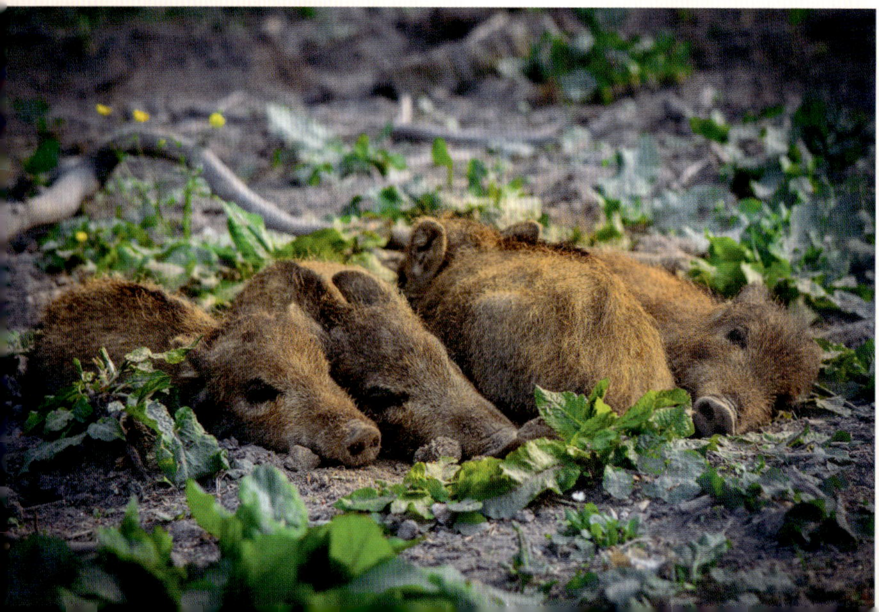

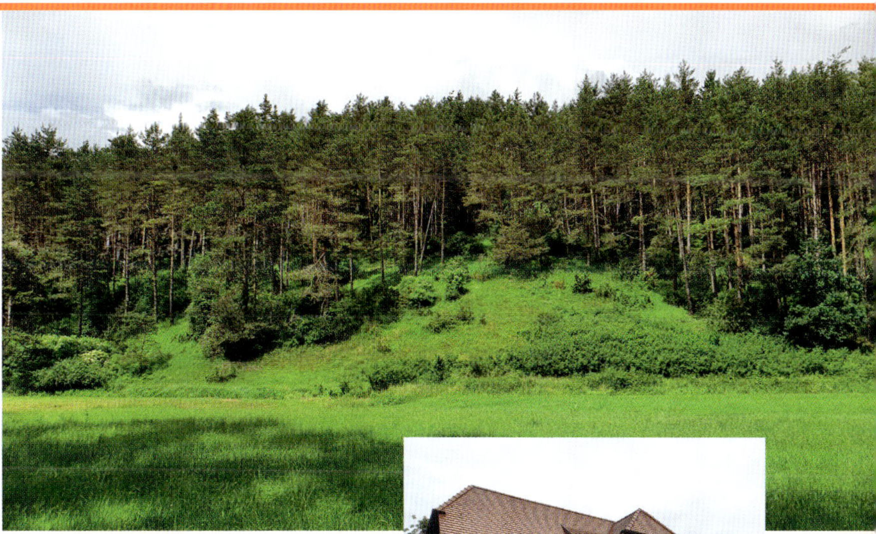

Talhang im Mühltal

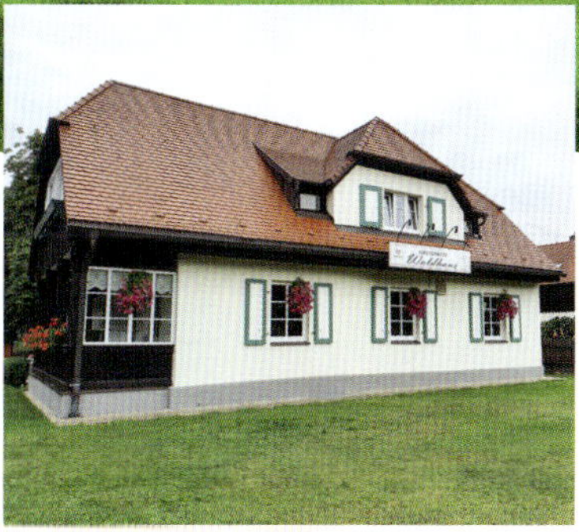

Ausflugsgaststätte Waldhaus

schmaler Steig direkt zum Ausflugslokal Waldhaus mit Spielplatz und Schwarzwildgehege führt. Wer mag, kann dort einkehren und eine Rast im schönen Biergarten einlegen (nur an Feiertagen und am Wochenende geöffnet). Das Waldhaus wurde 1854/55 als Forsthaus im Gebirgsstil erbaut.

Ansonsten wandern wir weiter in den Wald hinein. Nach ca. 1,6 km gelangen wir an eine Kreuzung, wo wir links abbiegen und die Anhöhe hinunterwandern. In der Senke stößt unsere Route erneut auf einen Forstweg. Dort wenden wir uns rechts und folgen der Route zunächst eben, dann linkshaltend bergauf. Bei einem Wildacker 7 ist der Scheitelpunkt des Hügels erreicht. Das letzte Stück unserer Wanderung führt uns bergab in die Ortschaft Theuern hinein. Wenn wir der Steinhauser Straße hinunter folgen, haben wir bald wieder den Parkplatz in der Ortsmitte erreicht.

## Essen/Einkehren:

**Hotel-Restaurant Zum Schloßwirt**
Tuwernstr. 2
92245 Kümmersbruck-Theuern
Tel. 09624 801
www.zum-schlosswirt.de

**Ausflugsgaststätte Waldhaus**
(Schwarzwildgehege)
92289 Ursensollen
Tel. 09621 81184

# Durch das Vilstal bei Schmidmühlen

**Leicht**

**8,4 km**

**↓↑ 148 m**

**2½ Std.**

**Schmidmühlen – Emhof – Schmidmühlen**

Leichte Wanderung, die die Flussauen der Vils mit den Jurahochflächen bei Schmidmühlen kombiniert.

**Markierung:**
Vilstalwanderweg (blaues Schrägkreuz), Nr. 20, Jurasteig

**Parken:**
Parkplatz zwischen Hohenburger Straße und Bahnhofstraße

**Tourist-Information:**
Rathaus Schmidmühlen
Rathausstraße 1
92287 Schmidmühlen
Tel. 09474 94030

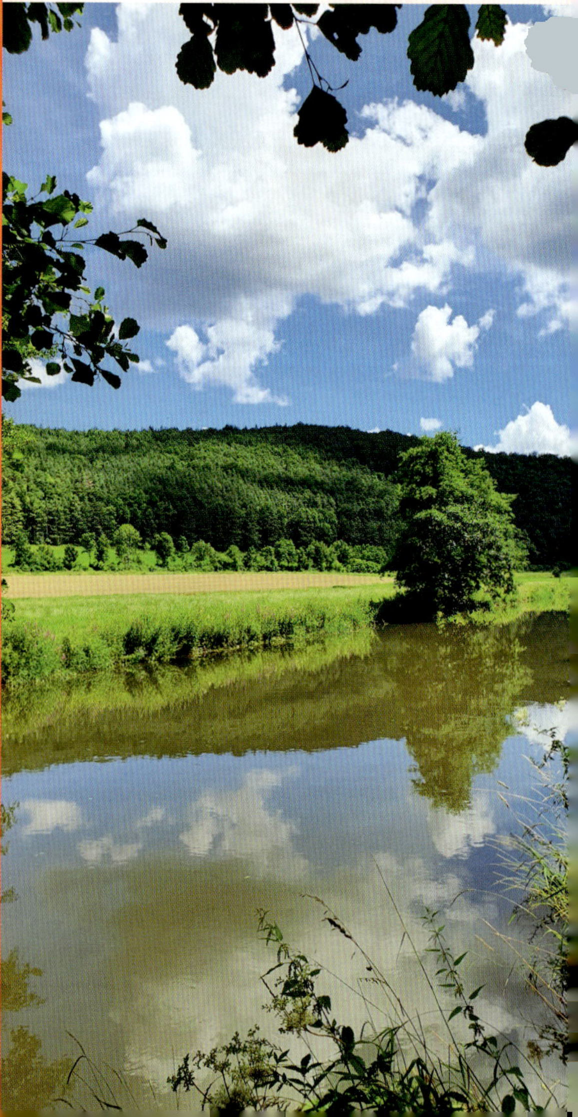

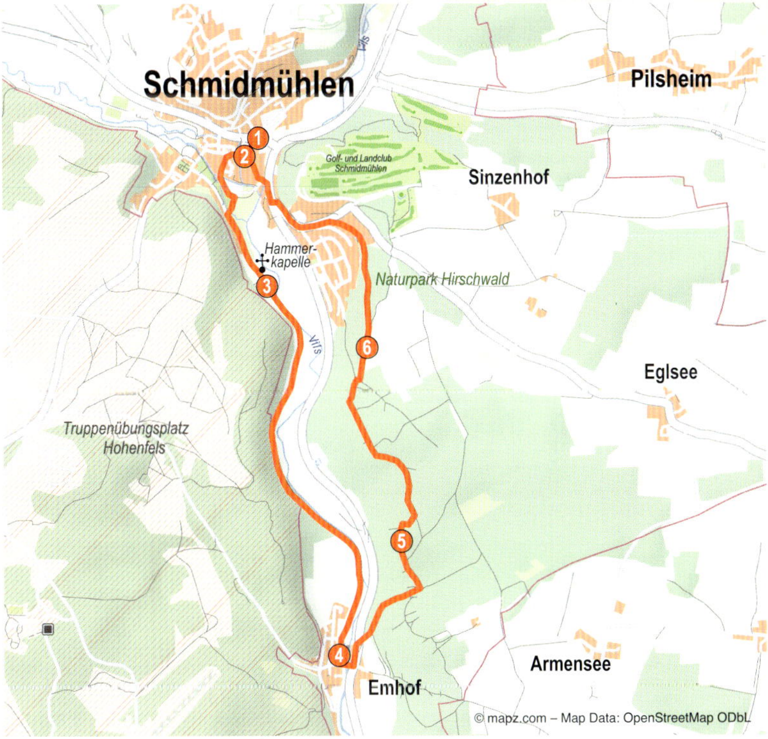


1. Parkplatz zwischen Hohenburger Straße und Bahnhofstraße – Start/Ziel
2. Gießkannenbaum
3. Hammerkapelle
4. Emhof
5. Pilzfelsen
6. Trockenmauern

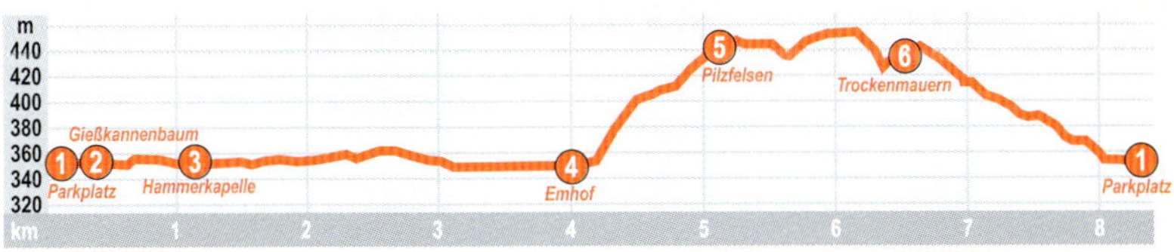

Die Wanderung startet am Parkplatz zwischen Hohenburger Straße und Bahnhofstraße in Schmidmühlen. ❶ Schmidmühlen war im Mittelalter ein bedeutender Handelsplatz. Es gab hier einen wichtigen Eisenhammer sowie einen Flusshafen, in dem das Eisen auf Schiffe verladen und nach Regensburg transportiert wurde. Wenn wir in der Bahnhofstraße ❷ ein paar Meter nach Süden gehen, treffen wir bald auf die ersten Markierungszeichen des Vilstalwanderweges (blaues Schrägkreuz). Wir folgen der Beschilderung und biegen nach rechts auf die Hauptstraße ein, überqueren die beiden Lauteracharme und wenden uns auf Höhe der Kirche nach links. An der folgenden Gabelung nehmen wir den rechten Abzweig und gehen weiter in der Hammerstraße. Wir überqueren erneut die Lauterach und gehen auf dem Fußweg weiter. Auf der Rückseite einer Schreinerei biegen wir rechts ab, durchqueren die Flutmulde und

Lauteracharm in Schmidmühlen

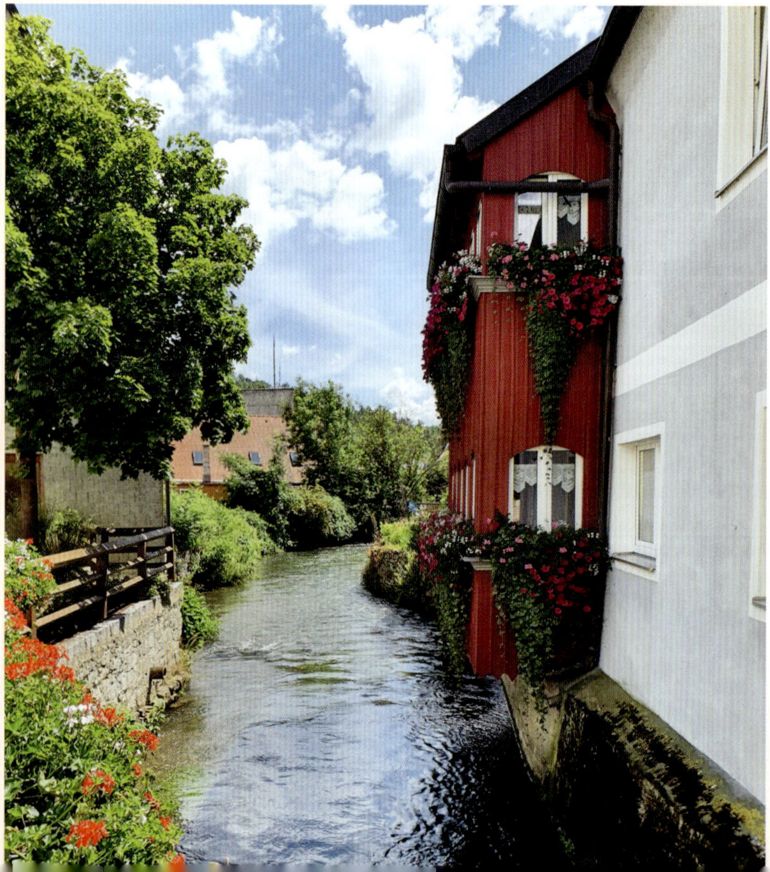

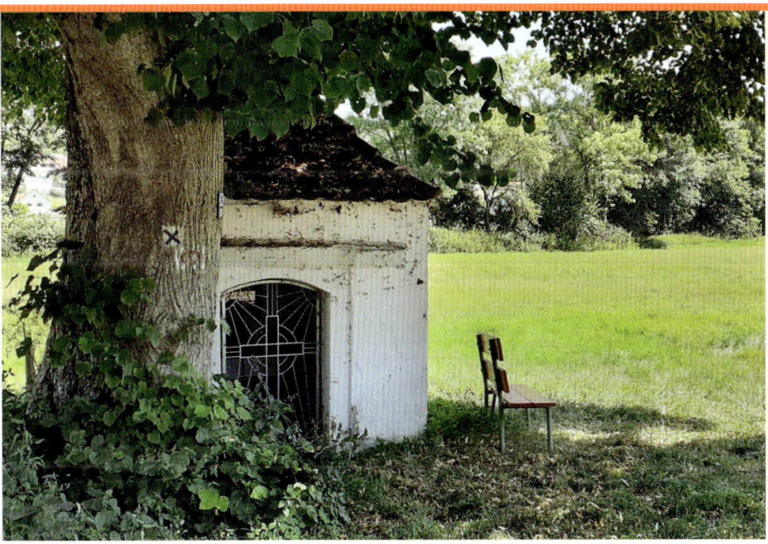

Hammerkapelle

biegen nach links in die asphaltierte Zieglerstraße ab.
Kurz nach den letzten Häusern kommen wir an der im 18. Jahrhundert erbauten Hammerkapelle vorbei. 3 Rechts von uns befindet sich der Truppenübungsplatz Hohenfels.

Wir wandern weiter auf dem Rad- und Wanderweg parallel zur Vils nach Süden. Die Tour führt uns durch die Flussniederung über Wiesen und Felder und entlang von Wäldern nach Emhof, das wir nach etwa 3 km erreichen. 4 Emhof wurde bereits 997 das erste

Auf dem Weg nach Emhof

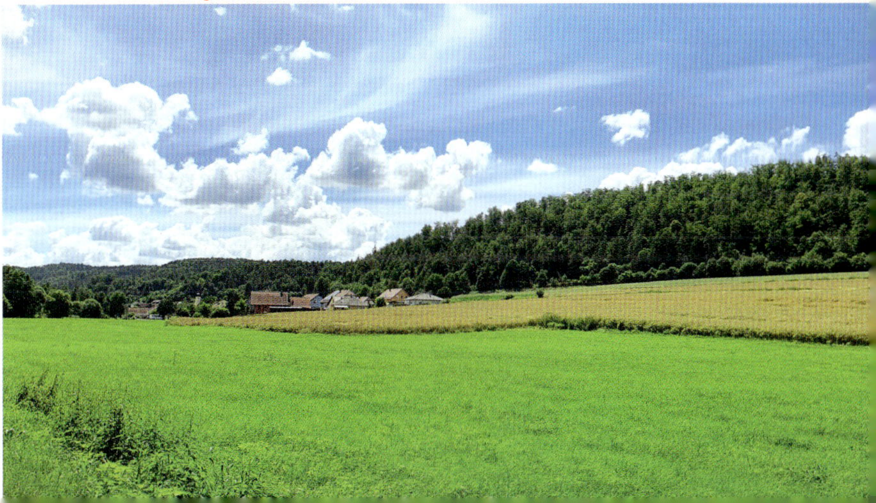

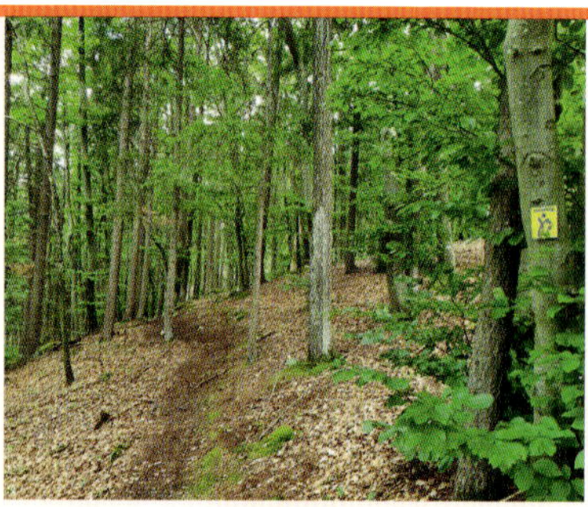

Auf dem Jurasteig

Mal urkundlich erwähnt. Im Ort verlassen wir den Vilstalwanderweg und biegen nach links ab. Der Wanderweg Nr. 20 führt uns über die Vilsbrücke und dann nach links auf die Vilstalstraße. Nach dem Gasthaus mit Schützenheim und Biergarten auf der rechten Straßenseite führt uns ein Grasweg halbrechts bergauf. Links oberhalb von einer Bank betreten wir den Wald. Dort führt uns ein Hohlweg weiter hinauf.

Bei einer Gabelung treffen wir auf den Jurasteig. Wir folgen der Jurasteig-Markierung nach links. Nach einer Linkskurve geht es weiter bergauf. Wir halten uns rechts, dann nochmals links. Der Weg wird zu einem schmalen Steig, der uns auf die Hangschulter hinaufführt. Es wird zusehends felsiger. Wir kommen an einer Felsformation mit einem auffälligen Pilzfelsen vorbei. 5 Auf dem Bergrücken angekommen windet sich der Jurasteig in Richtung Norden durch einen abwechslungsreichen Mischwald.

Auf Höhe von Archenleiten müssen wir uns an einer Weggabelung halbrechts halten. Verfallene Trockenmauern aus Bruchsteinen leiten uns für eine kurze Zeit an der Wald-Feld-Kante entlang. 6 Wir unterqueren eine Stromleitung und wandern weiter auf unserem Pfad, der uns nun wieder stetig berg-

Kirche in Emhof

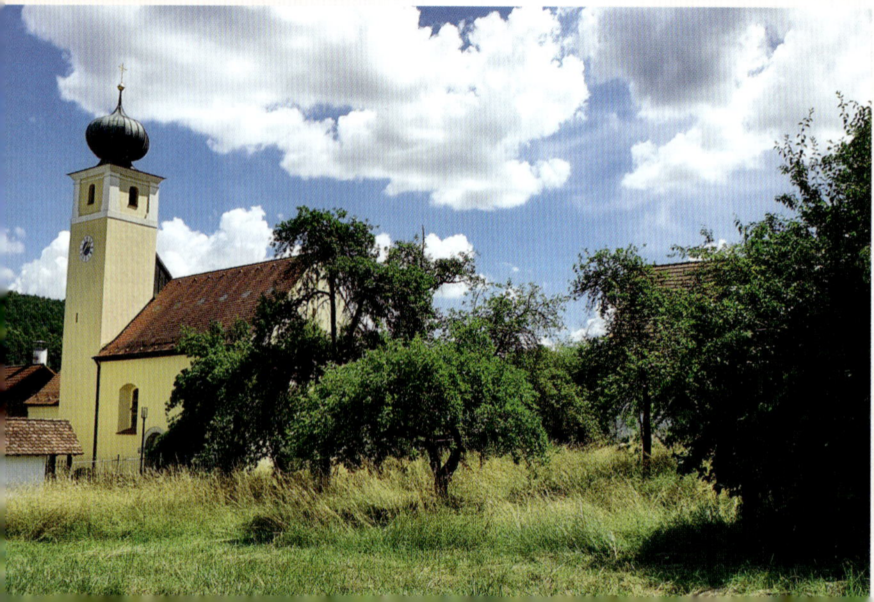

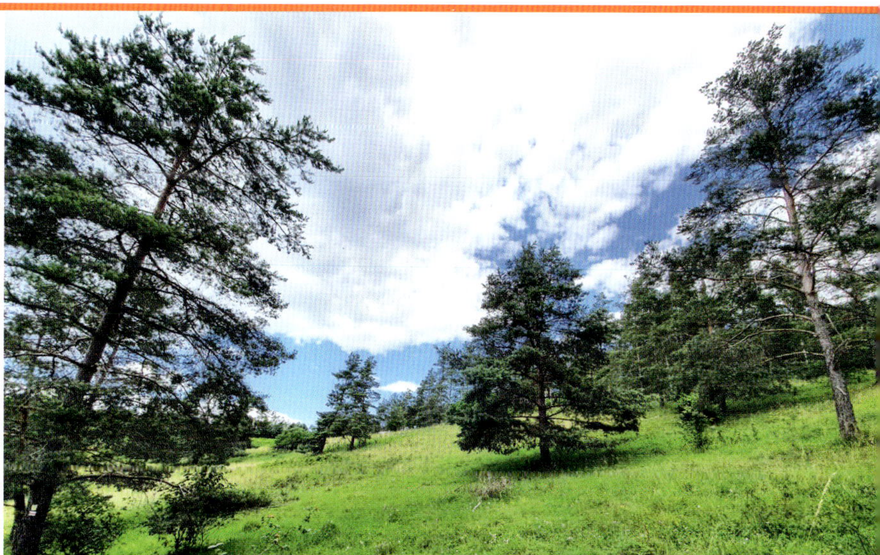

Magerrasen vor Schmidmühlen

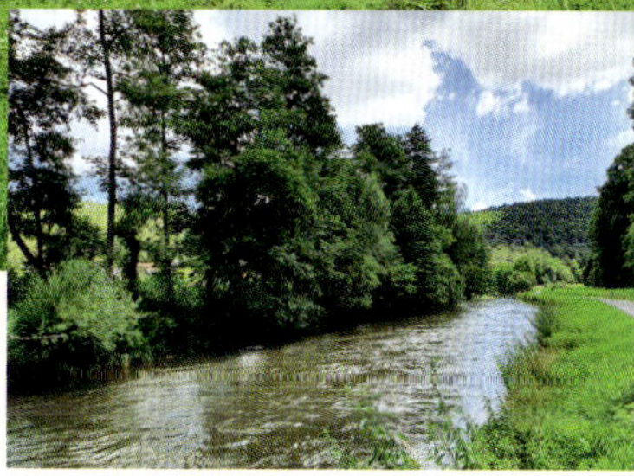

Vils bei Schmidmühlen

ab bringt. Durch die Bäume können wir links vor uns bereits die ersten Häuser von Schmidmühlen sehen.

Kurz vor Schmidmühlen quert der Jurasteig eine Magerrasenfläche mit einzelnen Wacholderbüschen und Kiefern und stößt bald auf die Staatsstraße. Wir biegen links ab und marschieren nach Schmidmühlen hinunter. An der Vilstalstraße gehen wir rechts und folgen dieser ein kurzes Stück. Die Markierung lotst uns über die Straße, um die Vils auf der eisernen Brücke zu überqueren. Nun sind wir wieder im inneren Ortskern von Schmidmühlen. Zum Parkplatz gelangen wir, indem wir der Hauptstraße folgen und dann in die Bahnhofstraße einbiegen.

### Essen/Einkehren:

**Gaststätte am Theilberg**
Am Theilberg 1
92287 Schmidmühlen
Tel. 09474 8238

**Mittel**

**10,8 km**

**↓↑ 253 m**

**2½ Std.**

# Von Rieden zum Gut Matheshof

**Rieden – Vilshofen – Brunnschlag – Kreuth – Rieden**

Waldreiche Wanderung über die Jurahochflächen bei Rieden.

**Markierung:**
Nr. 12

**Parken:**
Am Parkplatz beim Rathaus in der Ortsmitte von Rieden

**Tourist-Information:**
Rathaus Rieden
Hirschwalder Straße 27
92286 Rieden
Tel. 09624 92020

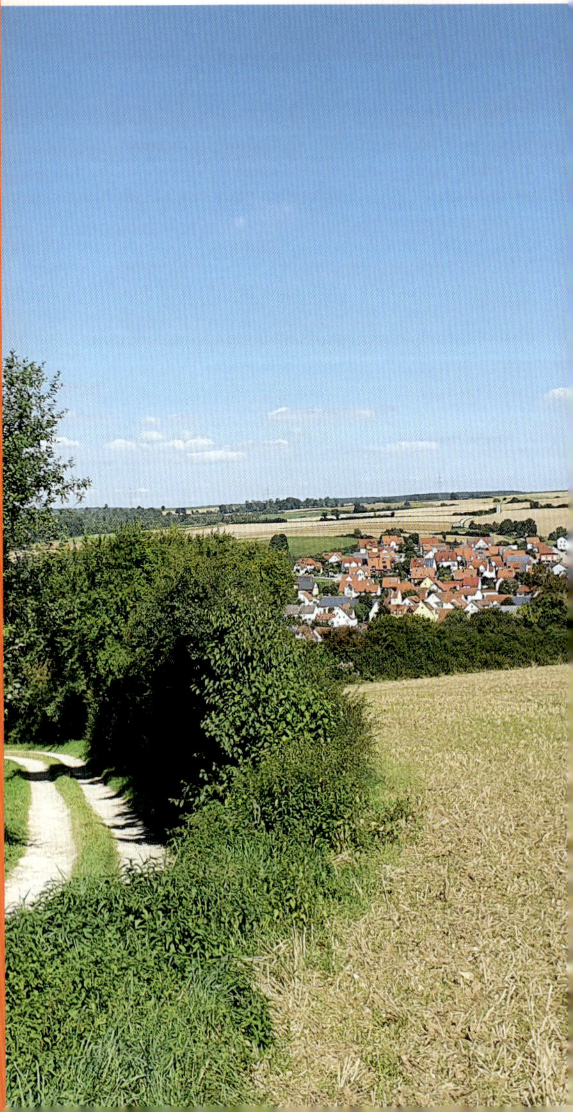

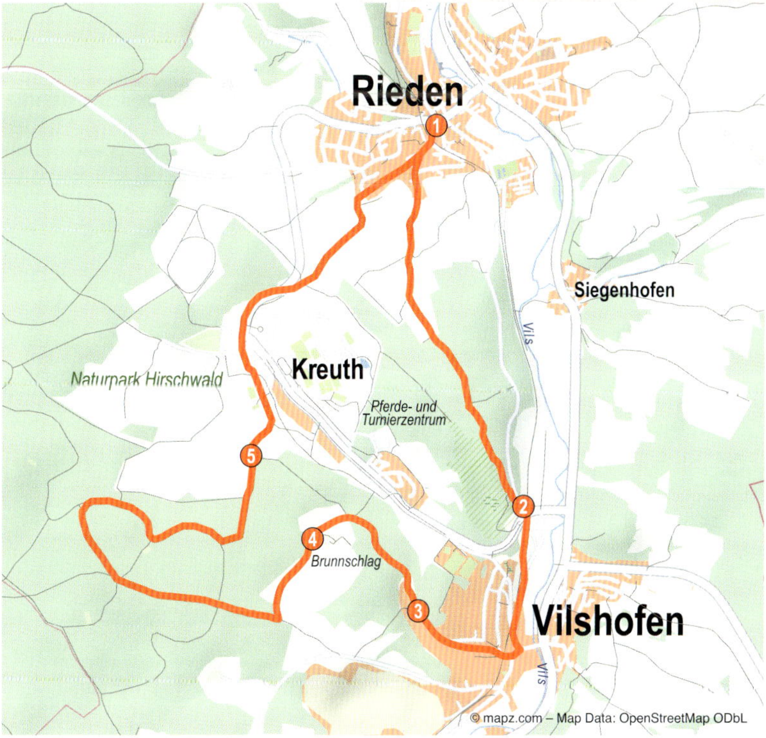


1. Parkplatz beim Rathaus in der Ortsmitte von Rieden – Start/Ziel
2. Wertstoffhof
3. Vereinsheim
4. Brunnschlag
5. Hochsitz

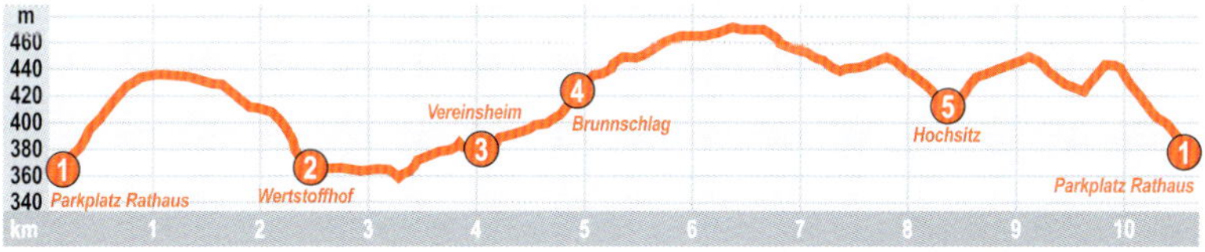

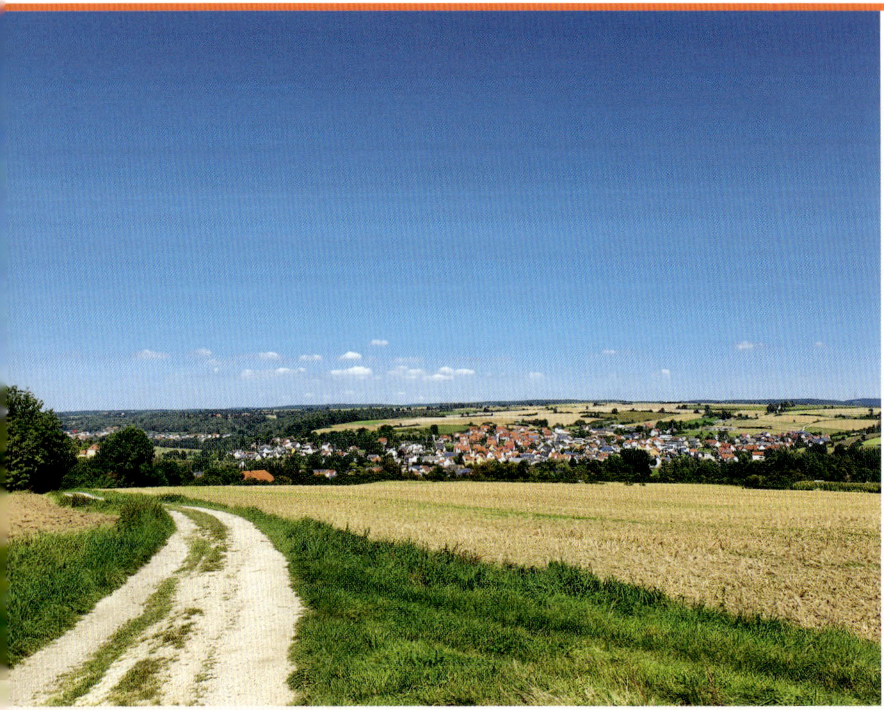

Blick auf Rieden

Vom Rathaus in der Ortsmitte von Rieden ❶ folgen wir rechts der Forststraße nach oben und wandern halblinks den Holunderweg hinauf. Der stetige Anstieg bringt uns auf die Feldflur der Jurahochfläche, von wo aus wir einen wunderbaren Ausblick zurück auf das Vilstal und Rieden haben. An der Gabelung beim Strommasten gehen wir geradeaus. Mit einer Linkskurve führt uns der Feldweg auf den Wald zu, in den wir bei einer großen Eiche geradewegs hineinwandern. Auf weichem Waldboden geht es bald bergab. Der Weg verengt sich zu einem schmalen Pfad, der uns wie auf einem Felsgrat entlang hinabführt. Rechts von uns befindet sich das Naturschutzgebiet Pfistertal, links geht es steil ins Vilstal hinab. Im Vilstal stoßen wir auf eine Teerstraße, auf die wir rechts abbiegen, um gleich darauf am Wertstoffhof ❷ links zu gehen. So kommen wir auf den Radweg, dem wir nach rechts folgen. Zunächst gehen wir unter einer Brücke den Radweg ein Stück weiter, bis wir diesen nach ca. 250 Metern halblinks über einen Trampelpfad verlassen und rechts auf die Riedener Straße abzweigen. Diese endet in Vilshofen in der Bahnhofstraße, auf die wir rechts abbiegen, um dann am nächsten Abzweig noch mal rechter Hand in die Kesselbergstraße zu wandern. Unter dem Radweg

hindurch folgen wir nun der Kesselbergstraße. Bald erreichen wir den Ortsausgang und wandern entlang eines Trockenhangs und rechts am Gelände des Gartenbauvereins vorbei. ③
In einer kühlen Waldsenke schlängelt sich die Ortsverbindungsstraße nach Brunnschlag. Die landwirtschaftlichen Anwesen der Hofstelle liegen auf einer Anhöhe in einer Rodungsinsel. ④ Die Straße führt uns an der Einöde vorbei nach oben. Auf einem Feldweg wandern wir parallel zur Telefonleitung über die Äcker und ein kurzes Stück am Waldrand entlang, ehe wir rechts in den Wald abbiegen.
Umgeben von natürlicher Stille marschieren wir nun eine Weile durch den Wald. Die erste

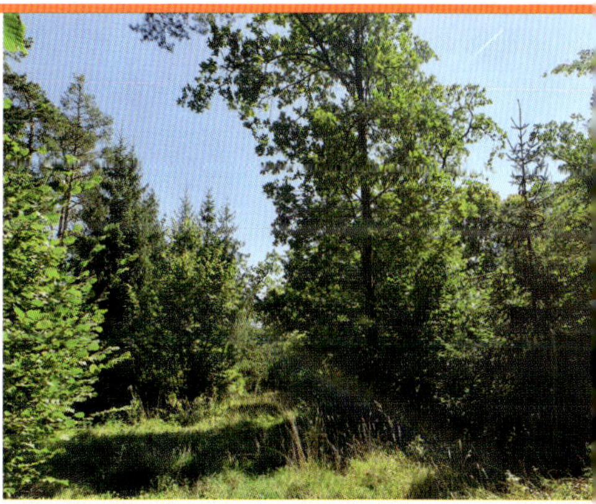

Oberhalb des Pfistertals

Kreuzung überqueren wir geradeaus, an der zweiten wenden wir uns nach rechts und schlendern den Weg bergab. Etwa einen Kilometer nach einer Rechtskurve verlassen wir den Forstweg und biegen nach links auf

Blick auf Brunnschlag

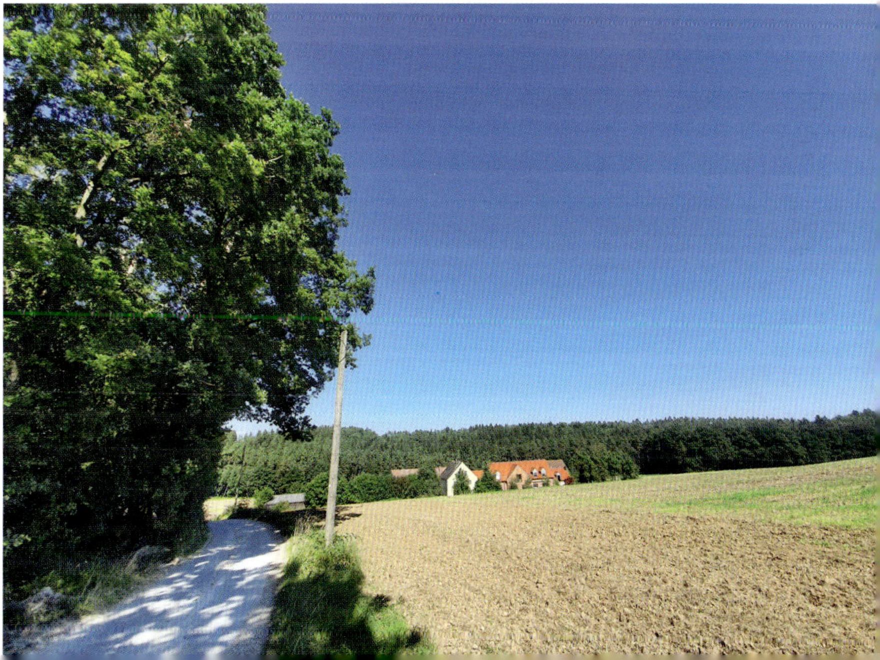

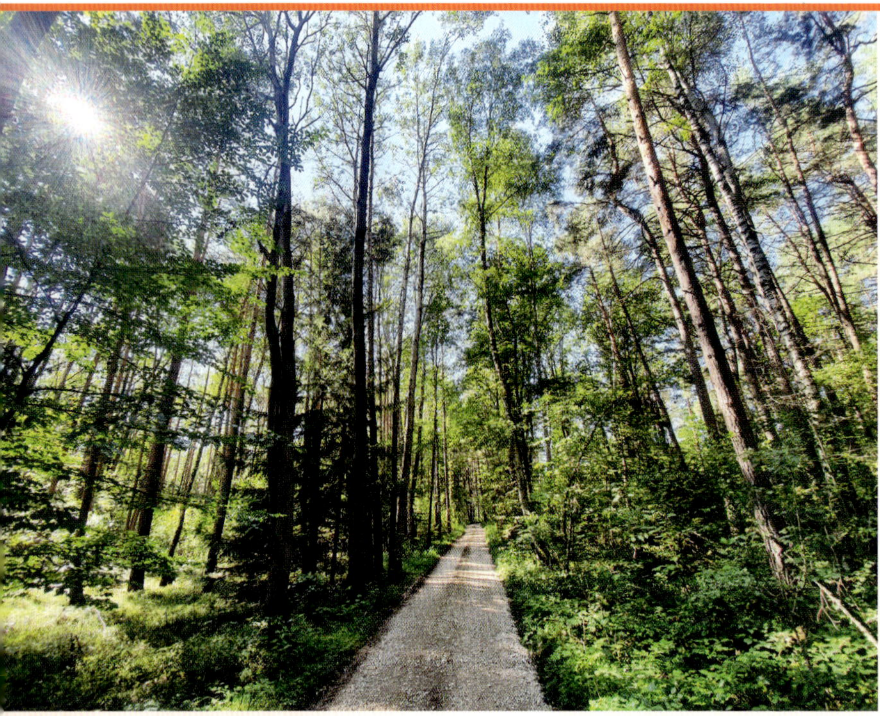

Waldstrecke vor Kreuth

einen Waldweg ab. Nach wenigen Metern geht es gleich wieder links. Nach der längeren Waldstrecke treten wir plötzlich unvermittelt auf die Feldflur vor Kreuth.

Es geht rechts am Waldrand entlang hinunter. In der Senke folgen wir nicht der Rechtskurve, sondern gehen ein Stück am Feldrand geradeaus weiter. Beim Hochsitz 5 wech-

Feldflur von Kreuth

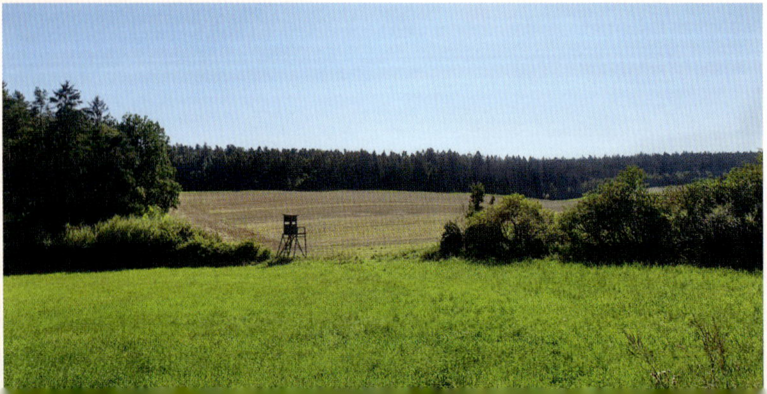

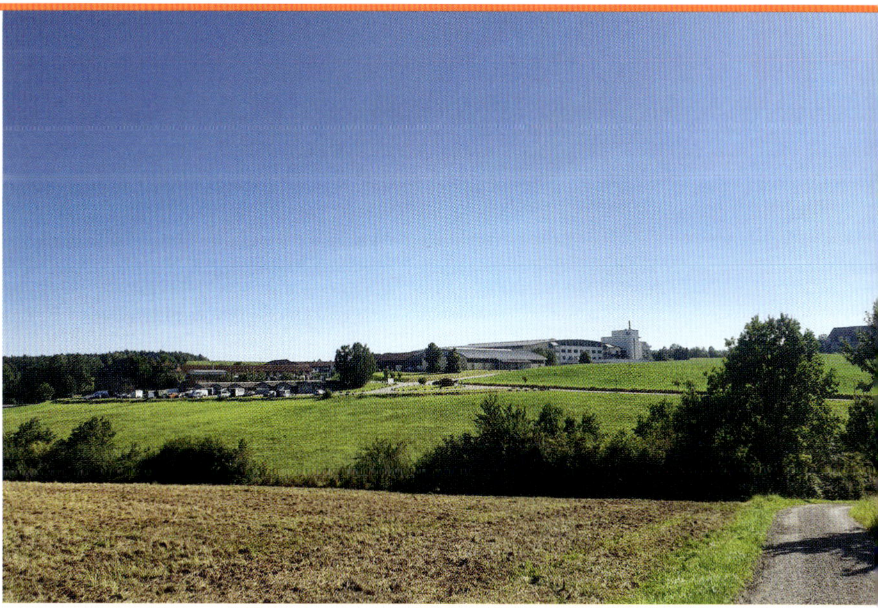

Gut Matheshof – Europas größtes Pferdesport- und Turnierzentrum

seln wir rechts auf die Wiese und wandern rechts an der Waldzunge vorbei nach oben. Wir gelangen auf das Gelände vom Gut Matheshof in Kreuth und passieren Scheunen, einen Reitplatz und Stallungen. Der Markierung folgend biegen wir an der Teerstraße rechts und gleich wieder links ab und kommen so auf eine öffentliche Straße. Es geht geradeaus an einer verwahrlosten Hotelruine vorbei bergab.

Rechts im Hintergrund liegt das Ostbayerische Pferdesport- und Turnierzentrum mit der Ostbayernhalle. Auf Höhe des Ortsausgangsschildes wechseln wir halbrechts auf den landwirtschaftlichen Weg, der uns wieder bergauf über die Felder führt. Von der Anhöhe aus ergibt sich noch mal ein toller Blick auf Rieden hinunter. Wir folgen dem Weg bergab und erreichen über die Forststraße wieder unseren Ausgangspunkt.

## Essen/Einkehren:

**Landgasthof Zum Bärenwirt**
Hauptstr. 9
92286 Rieden
Tel. 09624 2888
www.zum-baerenwirt.de

**Ristorante Pizzeria Bierkönig**
Hirschwalderstraße 12
92286 Rieden
Tel. 09624 902604
www.bierkoenig-rieden.de

# Vom Burgstall Scharfenberg zur Hoibruck

**Leicht**

**8,9 km**

**↓↑ 178 m**

**2½ Std.**

**Ursensollen – Scharfenberg – Allmannsfeld – Hoibruck – Ursensollen**

Vielseitige Wanderung auf einer alten Bahnlinie bei Ursensollen.

**Markierung:**
U1

**Parken:**
Parkplatz am Ende des Talwegs beim ehemaligen Bräukeller an der alten Kläranlage

**Tourist-Information:**
Rathaus Ursensollen
Rathausstraße 1
92289 Ursensollen
Tel. 09628 92390

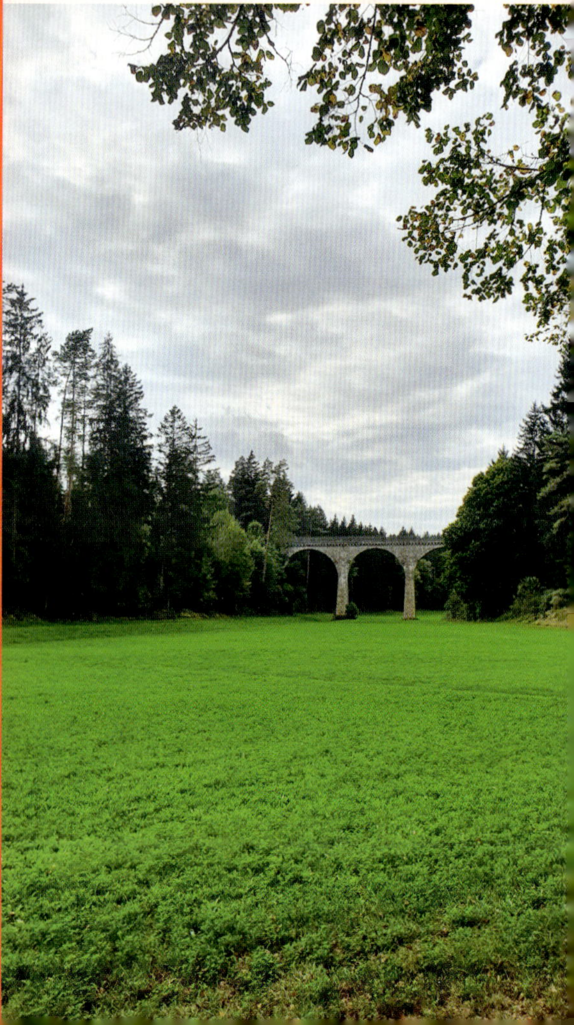

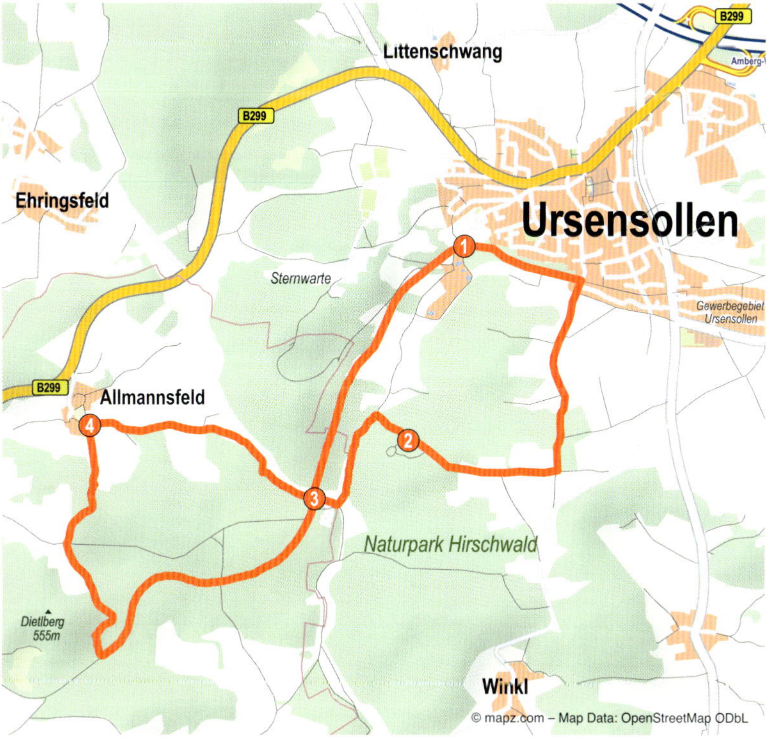


1. Parkplatz Talweg – Start/Ziel
2. Burgstall Scharfenberg
3. Hoibruck
4. Allmannsfeld

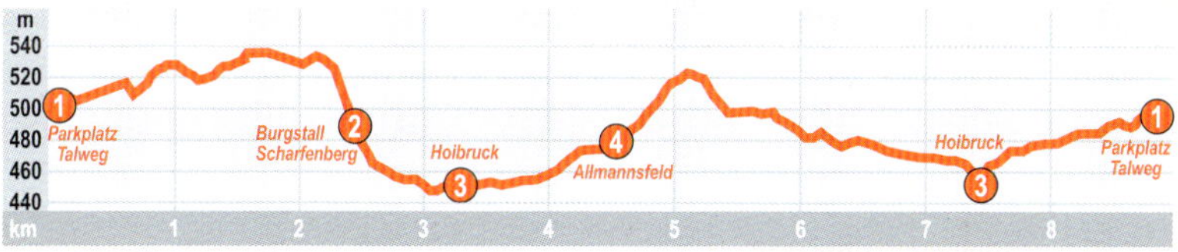

Wir starten am Ende des Talwegs 1 in Ursensollen und gehen auf der alten Bahnlinie nach Westen in Richtung Ursensollen. An der Kreuzung der Bahntrasse mit der Rathausstraße biegen wir rechts ab und marschieren dann mit der Markierung U1 geradeaus auf dem Feldweg leicht bergauf. Auf der Kuppe werfen wir einen Blick zurück nach Ursensollen. Der Feldweg macht eine Rechtskurve, wir gehen aber stattdessen auf dem Grasweg geradeaus und wandern den kleinen Hügel wieder hinab.

Nach einem kleinen Feldgehölz bringt uns die Markierung in den Wald. Zunächst geht es geradeaus durch den Wald, dann am Waldrand entlang. An einer Wegkreuzung an der Waldecke biegen wir rechts ab und wandern über Felder an einer Reihe alter Kirschbäume vorbei, geradewegs wieder auf den Wald zu. Wir folgen dabei nicht dem Feldweg nach links, sondern gehen geradeaus auf dem Graspfad über die Wiese. Gleich im Wald treffen wir auf eine Gabelung, an der wir uns rechts halten.

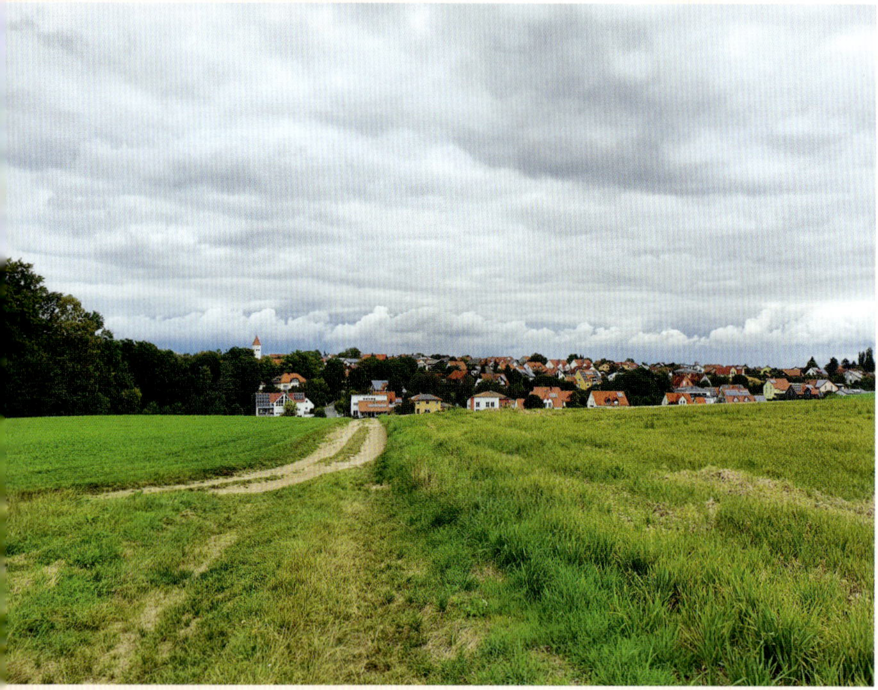

Blick nach Ursensollen

Bald darauf biegen wir nochmals rechts ab und wandern bergab. Links von uns lag auf dem Felssporn die ehemalige Burg Scharfenberg, von der nur noch der Burggraben und spärliche Reste des Bergfrieds erkennbar sind. Auf schmalen Steigen kann der Burgstall 2 erkundet werden. Über das Gelände breiten sich großflächige Teppiche aus Kleinem Immergrün aus. Diese Pflanze ist ein Burggartenflüchtling und zeigt alte Sied-

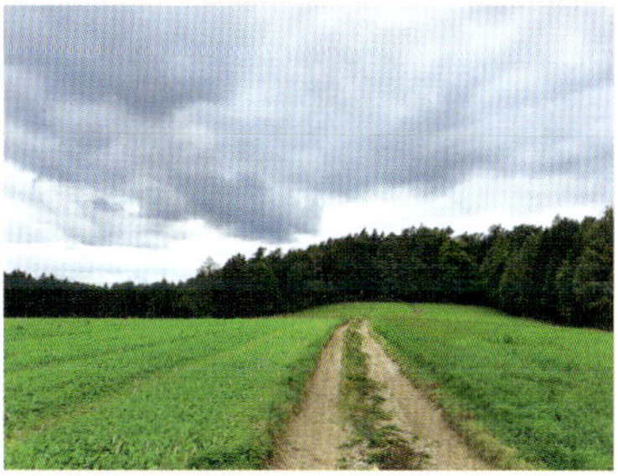

Feld und Wald vor dem Scharfenberg

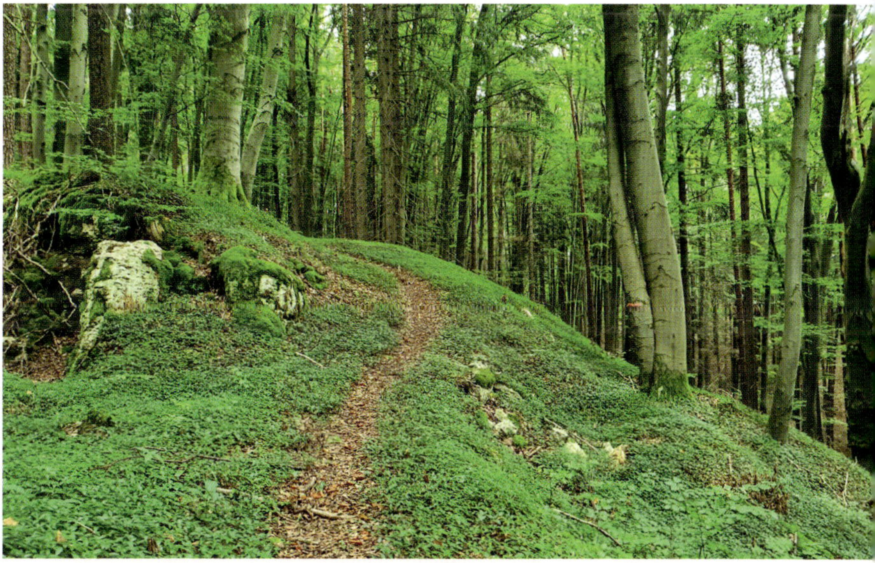

Schmale Steige laufen über den Burgstall Scharfenberg.

lungen an. Besonders hübsch ist es Ende März / Anfang April, wenn die blauen Blüten den Waldboden bedecken.
Wir wandern weiter ins Tal hinab und biegen vor einer Wiese nach links ab. Vor uns öffnet sich das Tal. Wir halten uns links und wandern parallel zur Wiese weiter. Wir kommen aus dem Wald heraus und stoßen auf einen Talknoten. Rechts von uns taucht die Hoibruck auf. Mit vier Pfeilern überspannt sie das Allmannsfelder Trockental und ist der Rest der ehemaligen Lokalbahn Amberg-

Lauterhofen (1903–1972). Das Viadukt ist 82 Meter lang und 18 Meter hoch.

Wir verlassen die Markierung U1, biegen rechts ab und wandern ohne Beschilderung unter der Brücke durch. **3** Nun folgen wir dem Allmannsfelder Trockental. Noch im 17. Jahrhundert floss hier ein Bach, der eine Mühle antrieb. Wegen des abgesunkenen Grundwasserspiegels führt das Tal nur noch nach Regenfällen oder zur Schneeschmelze temporär Wasser. An den nächsten Kreuzungen geradeaus geht es direkt auf Allmannsfeld zu. **4** Beim Bauernhof biegen wir links ab und wandern an einer Eiche vorbei geradeaus Richtung Wald hinauf. Im Wald macht der Weg eine Rechtskurve und führt

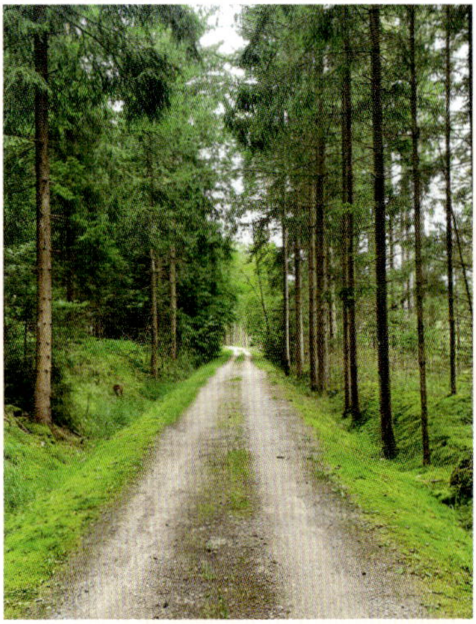

Auf der alten Bahnlinie

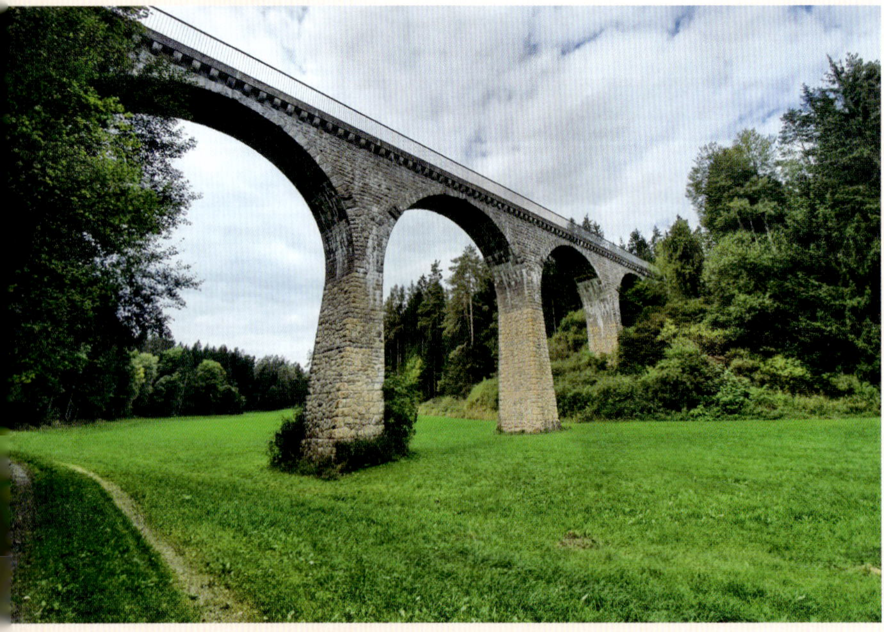

Die Hoibruck ist ein altes Eisenbahnviadukt.

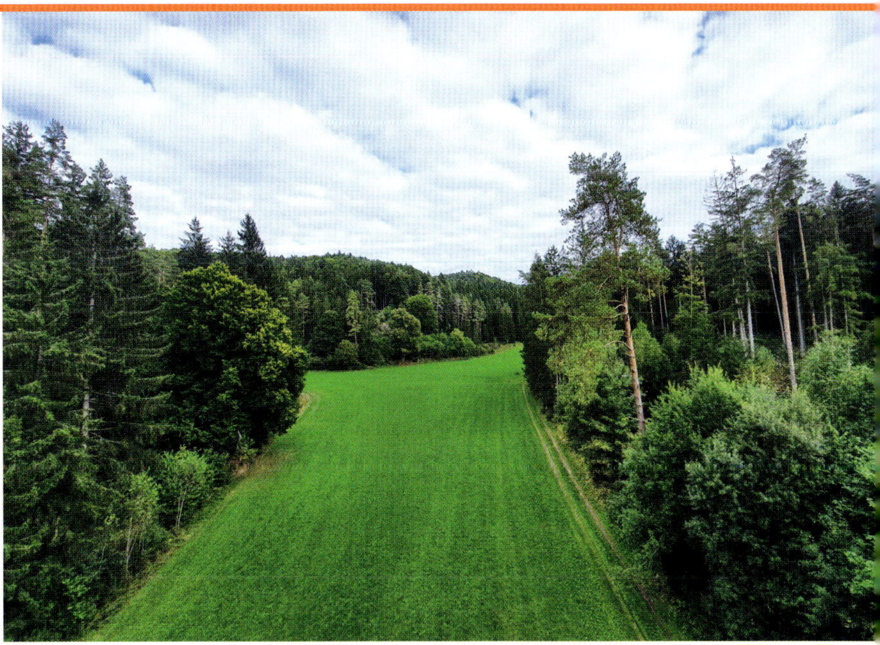

Ausblick von der Hoibruck

uns wieder heraus. Es geht ein Stück am Waldrand entlang, dann geradeaus über eine kreuzende Schotterstraße und anschließend wieder am Waldrand entlang bergab.

Ein schöner Waldweg schlängelt sich um den Dietlberg herum. Nach einer Rechtskurve biegen wir links ab und stoßen direkt auf die ehemalige Bahntrasse, auf der wir nach links den Rückweg antreten. Nach etwa 1,5 Kilometern wandern wir über die Hoibruck und können den Ausblick ins Allmannsfelder Trockental und ins Hausener Tal genießen. 3 Hier stoßen wir wieder auf die Markierung U1. Nach weiteren 800 Metern passieren wir das Gedenkkreuz, das an die Opfer des Fliegerangriffs vom 20.02.1945 erinnert. Bald erreichen wir wieder den Ausgangspunkt der Wanderung.

## Essen/Einkehren:

**Gasthof Metzgerei Reif**
Raiffeisenstr. 6
92289 Ursensollen
Tel. 09628 91336
info@gasthof-metzgerei-reif.de
www.gasthofmetzgerei-reif.de

**Gasthaus Michl**
Oberleinsiedl 8
92289 Ursensollen
Tel. 09628 275
www.gasthausmichl.de

**Leicht**

**8,2 km**

**↓↑ 112 m**

**2 Std.**

# Auf Jurasteig und Wacholderwanderweg um Schmidmühlen

**Schmidmühlen – Markhof – Hammerberg – Blaugrundgraben – Schmidmühlen**

Leichte Rundwanderung um Schmidmühlen.

**Markierung:**
Jurasteig,
Wacholderwanderweg

**Parken:**
Parkplatz zwischen Hohenburger Straße und Bahnhofstraße

**Tourist-Information:**
Rathaus Schmidmühlen
Rathausstraße 1
92287 Schmidmühlen
Tel. 09474 94030

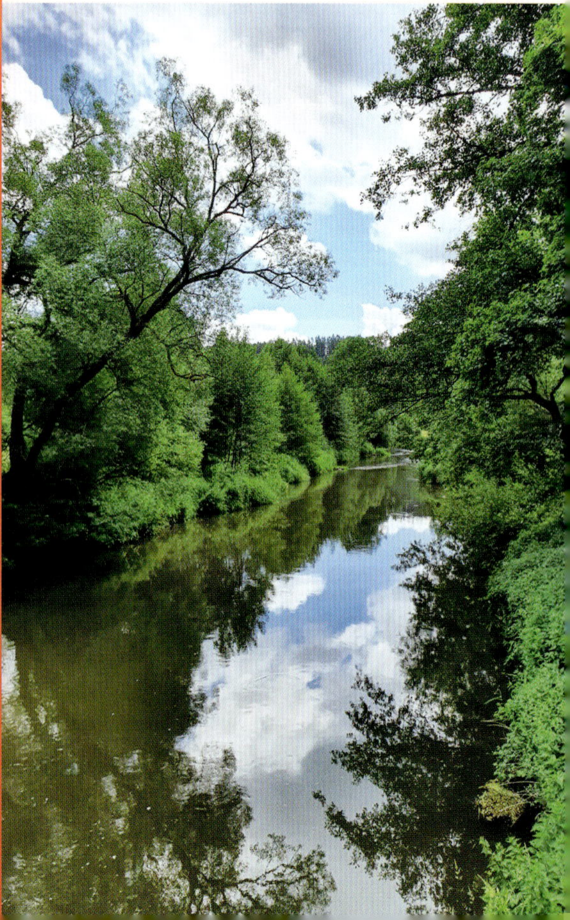

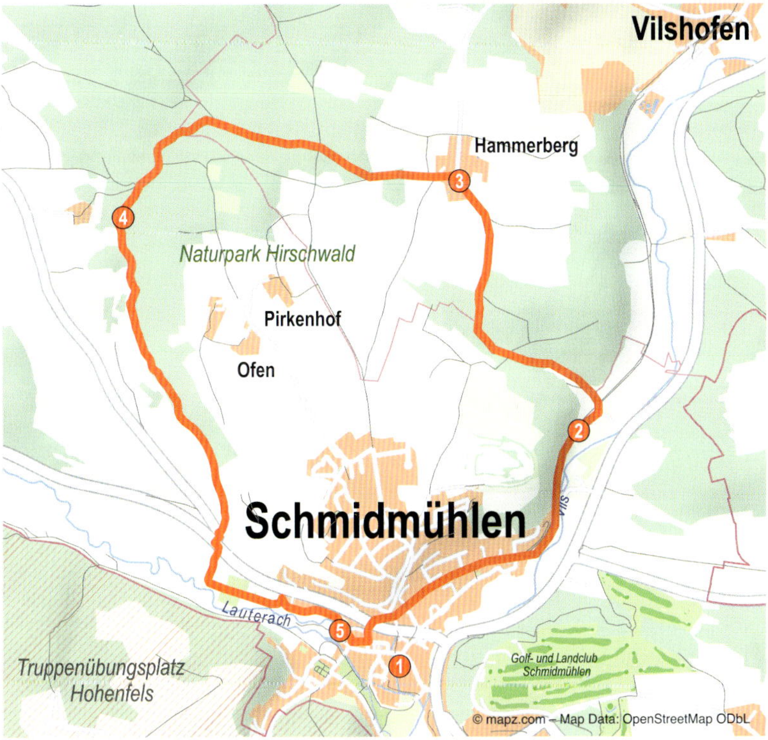


1. Parkplatz zwischen Hohenburger Straße und Bahnhofstraße - Start/Ziel
2. Hofkapelle Markhof
3. Kapelle Hammerberg
4. Einstieg Blaugrundgraben
5. Oberes Schloss

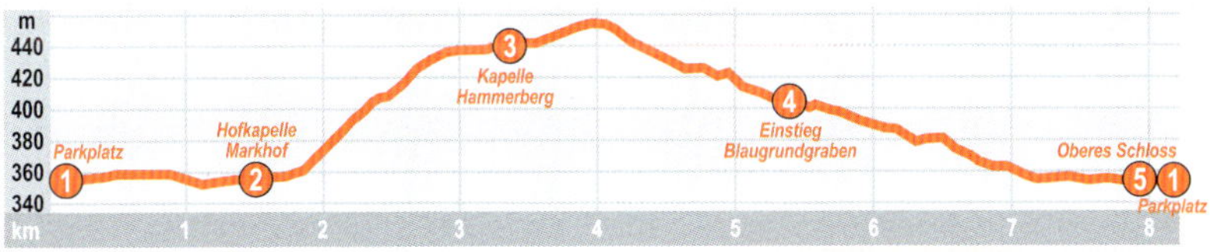

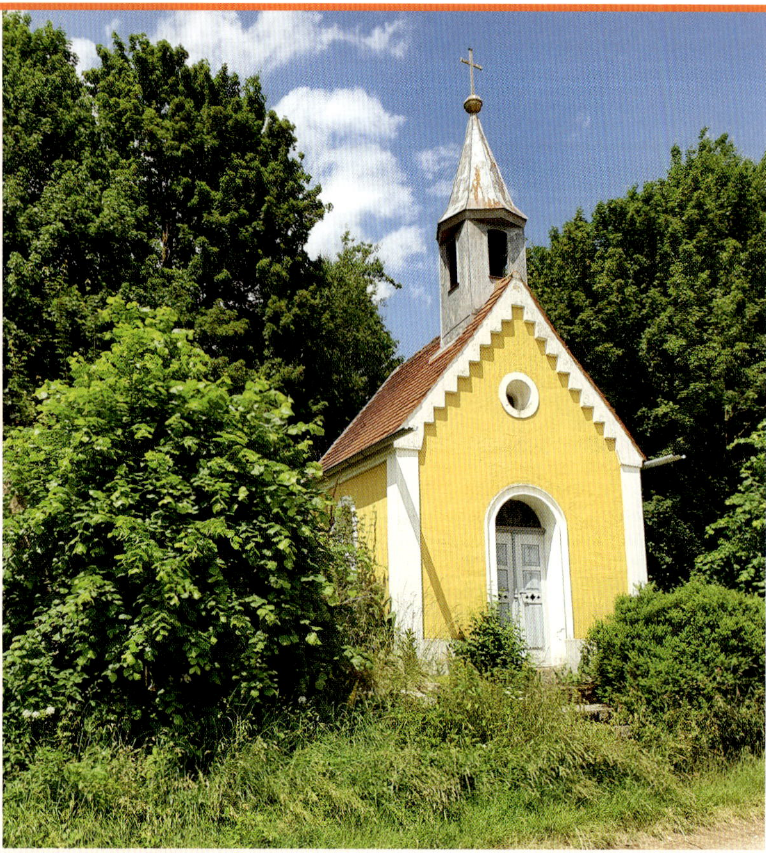

Hofkapelle von Markhof

Wir starten unsere Tour am Parkplatz zwischen Hohenburger Straße und Bahnhofstraße gegenüber vom Supermarkt. ❶ Ein beliebtes Fotomotiv ist der Gießkannenbaum gleich daneben, der alljährlich aufgebaut wird. Wir überqueren die Hohenburger Straße an der Fußgängerampel und gehen entlang der Brunnlettstraße. Wir wandern mit der Markierung des Wacholderwanderwegs weiter in die Harschhofer Straße, an deren Ende wir auf die Radtrasse des Fünf-Flüsse-Radwegs stoßen. Neben dem Radweg verläuft ein schmaler Steig für Wanderer. Wir gehen nun entlang der Vils und marschieren weiter auf der Teerstraße an Harschhof vorbei. Etwa 500 Meter nach Harschhof durchwandern wir den Markhof mit seiner Hofkapelle ❷ und überqueren den Radweg.

An der Gabelung etwa 50 Meter nach dem Radweg nehmen wir den rechten Abzweig und wandern durch den Wald leicht bergauf.

An der ersten Kreuzung wählen wir den linken bzw. den geraden Abzweig. An der zweiten Gabelung halten wir uns rechts. Wir verlassen den Wald und laufen über Felder auf der Hochfläche auf Hammerberg zu. Ein dem Hl. Ambrosius gewidmetes Feldkreuz markiert die Feldkante. Dieser gilt als Schutzpatron der Imker, deshalb passt es sehr gut, dass in der unmittelbaren Umgebung Bienenstöcke stehen. Links sehen wir die Orte Pirkenhofen und Ofen, vorne rechts kommt Vilshofen mit dem großen Steinbruch ins Blickfeld.
Im Ort Hammerberg 3 biegen wir links ab und gehen am Ortsausgangsschild geradeaus. Wir kommen an einer Hüll vorbei. Diese künstlich angelegten Teiche stellten die Was-

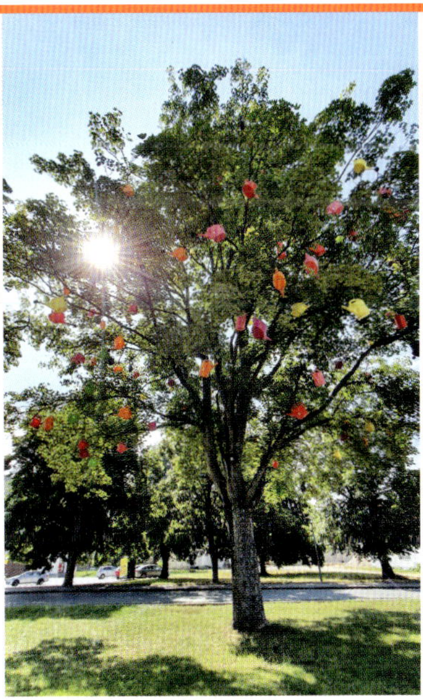

Gießkannenbaum in Schmidmühlen

Vor Hammerberg

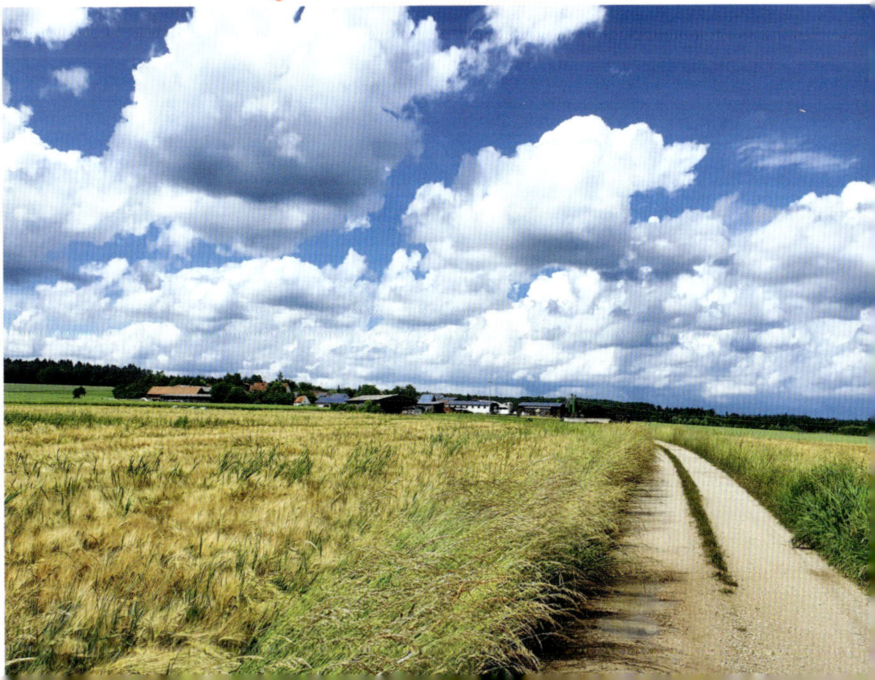

serversorgung auf der Jurahochfläche sicher, solange es noch keine Wasserleitungen gab. Die Markierung lotst uns rechts in den Wald. An der nächsten Kreuzung gehen wir geradeaus und wandern durch Fichtenwald, ehe wir an der nächsten Weggabelung auf den Jurasteig stoßen. Wir folgen nun sowohl Jurasteig als auch Wacholderwanderweg, indem wir links abbiegen. Ein wurzeliger Waldpfad schlängelt sich durch den moosgepolsterten Fichtenforst.

An der nächsten Wegkreuzung bei einer Ruhebank verlassen wir den Wacholderwanderweg und folgen der Jurasteig-Markierung geradeaus. Nun schließt sich zweifelsohne der schönste Teil dieser Wanderung an. Parallel zu einer Wiese laufen wir den Blaugrundgraben 4 entlang in Richtung Schmidmühlen hinab. Die Vegetation bildet regelrecht einen grünen Baldachin über dem schmalen Steig. Kurzzeitig wähnt man sich in einem Tunnel aus Schlehen, Haselsträuchern, Holunder-

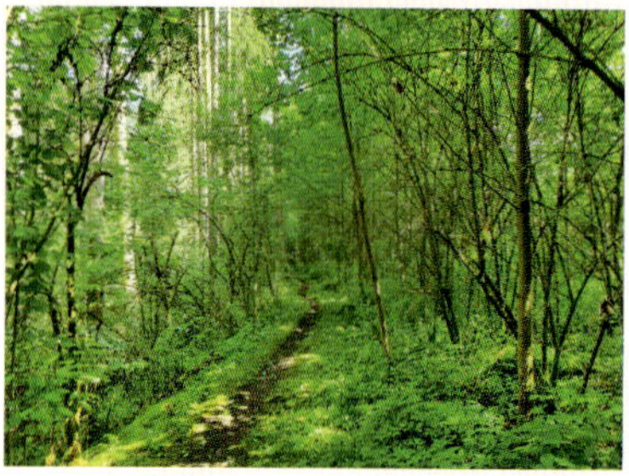

Im Blaugrundgraben

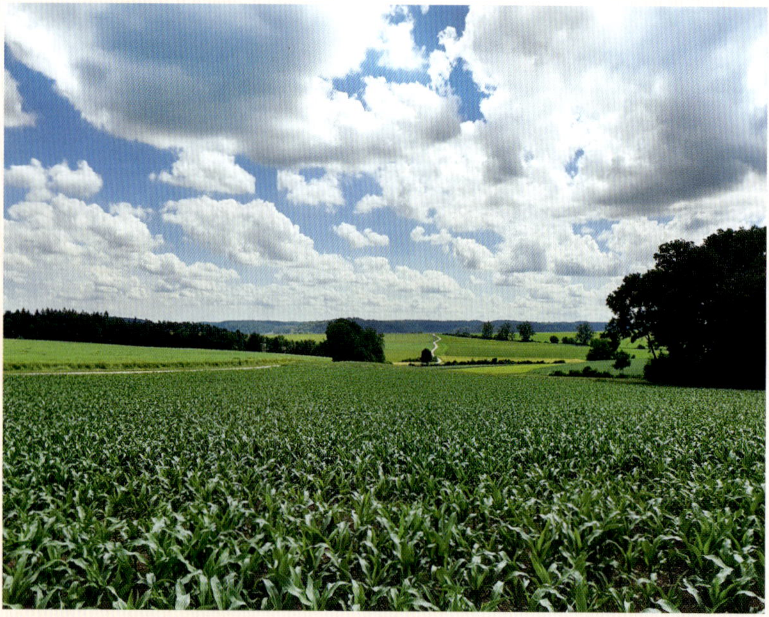

Ausblick von Hammerberg nach Süden

büschen und weiteren Gehölzen. Erst kurz vor Schmidmühlen wird der Weg wieder offener und breiter. Der Jurasteig führt zur Staatsstraße, die wir überqueren. Wir nehmen den Feldweg zunächst geradeaus, und wenden uns dann scharf links zu den Sportanlagen. Zwischen den Spielfeldern hindurch und dann an einem Hochwasserdamm entlang wandern wir zum Rathaus und ins Ortsinnere von Schmidmühlen. Das Rathaus ist im Oberen Schloss 5 untergebracht, einem Renaissancebau aus der Zeit um 1600. Die Figur des Moriskentänzers auf dem Brunnen vor dem Schloss erinnert an Erasmus Grasser. Der Bildhauer wurde um 1450 in Schmidmühlen geboren. Von dort sind es nur wenige Minuten zurück zum Parkplatz und dem Ausgangspunkt der Tour.

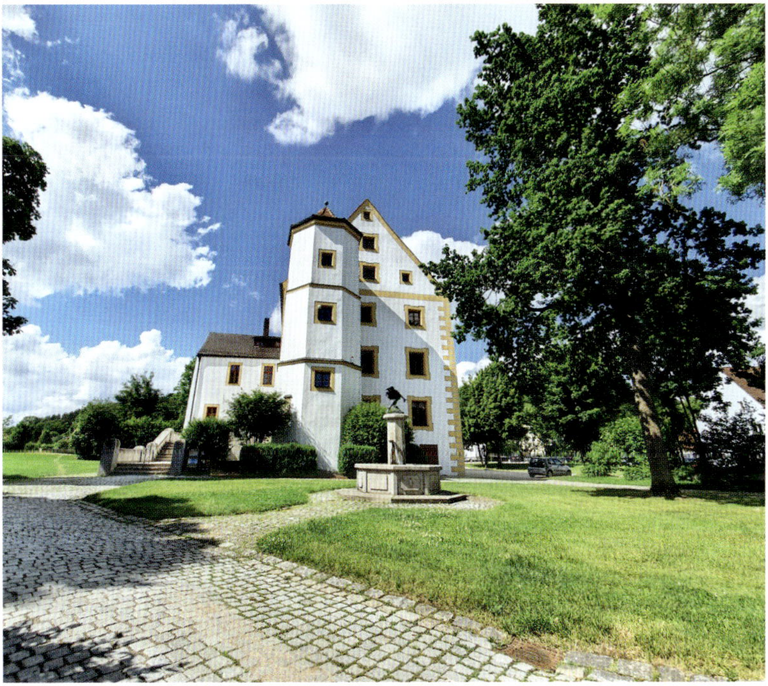

Oberes Schloss in Schmidmühlen

## Essen/Einkehren:

**Gaststätte am Theilberg**
Am Theilberg 1
92287 Schmidmühlen
Tel. 09474 8238

# Durch das Görgltal zum Wörgelloch

**Leicht**

**7,8 km**

**↓↑ 155 m**

**2½ Std.**

**Ammerthal – Wörgelloch – Weiherzant – Ammerthal**

Abwechslungsreiche Wanderung abseits ausgetretener Pfade.

**Markierung:**
Gelbkreuz, Amberger Ringwanderweg (gelber Ring)

**Parken:**
Am Dorfplatz in Ammerthal

**Tourist-Information:**
Rathaus Ammerthal
Mühlweg 16a
92260 Ammerthal
Tel. 09628 92330

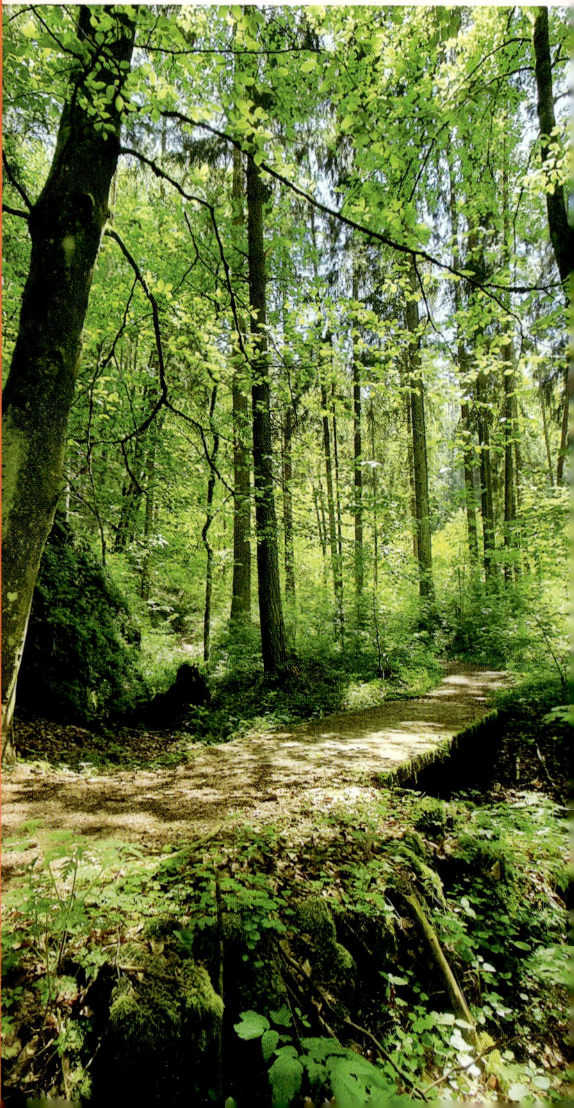

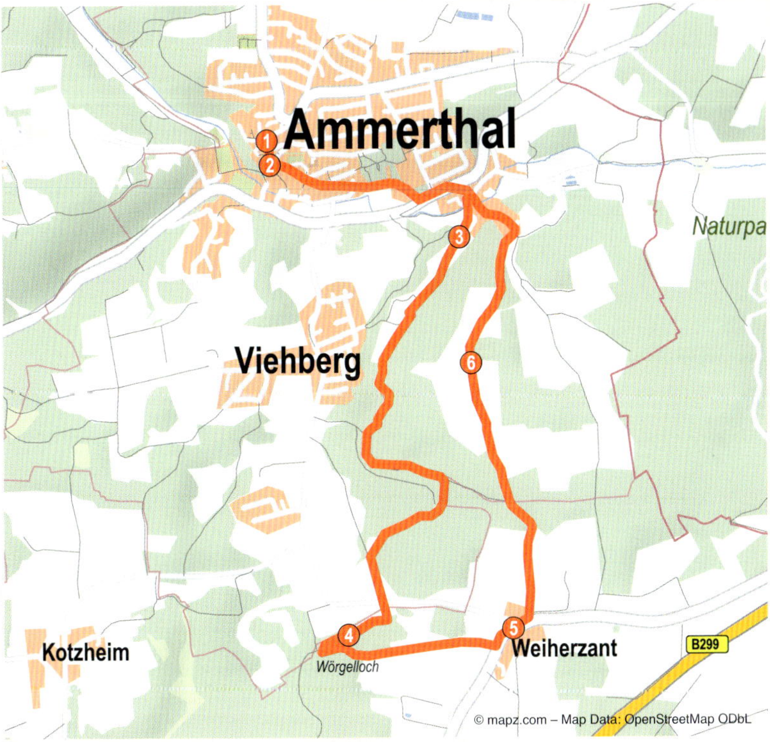


1. Dorfplatz in Ammerthal – Start/Ziel
2. Liebfrauenkirche
3. Einstieg Görgltal
4. Wörgelloch
5. Kapelle Weiherzant
6. Feldkreuz

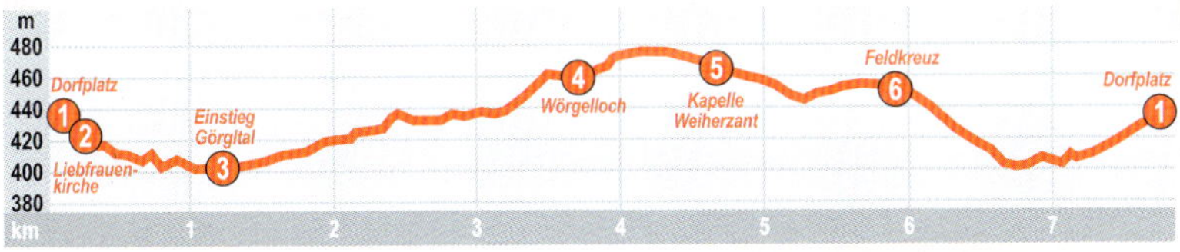

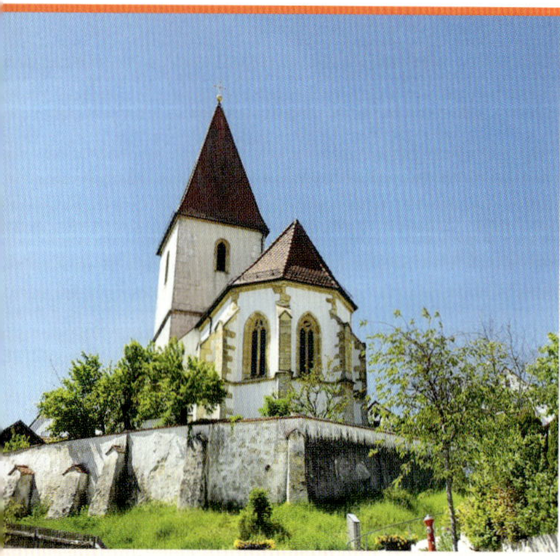

Die Liebfrauenkirche in Ammerthal

Die Tour liegt zwar nicht im Hirschwald, wurde aber aufgrund der naturräumlichen Ähnlichkeit und Nähe dennoch in dieses Buch mit aufgenommen. Wir starten unsere Wanderung am Dorfplatz in Ammerthal ❶ und gehen über die Straße „Am Brunnenweg" an der Liebfrauenkirche ❷ vorbei. Diese zählt zu den ältesten Kirchenbauten im Amberg-Sulzbacher Land. Die Kirche ging aus der 1003 zerstörten Burg Amardela hervor und wurde 1014 errichtet, wenngleich die ältesten Mauerreste bereits in das 10. Jahrhundert zu datieren sind.

Gesäumt wird der Fußweg von Kunstwerken, die die Verse des Vaterunsers darstellen. Auf Höhe des Brunnens wenden wir uns nach links und folgen dem Mühlweg, ehe wir bei der Hirnmühle gegenüber dem Klärwerk auf die Götzendorfer Straße treffen. Der Markierung Gelbring folgend biegen wir nach links ab, gehen an der Fuchssteiner Straße entlang und nehmen halbrechts auf Höhe der Bushaltestelle den Weiherzanter Weg. An einer Sitzgruppe mit Wandertafeln gehen wir rechts und gleich wieder links über die Brücke über den Ammerbach.

Wir folgen nun der Markierung Gelbkreuz. An Wiesen und Weiden vorbei geht es ins

Wanderweg durch das Görgltal

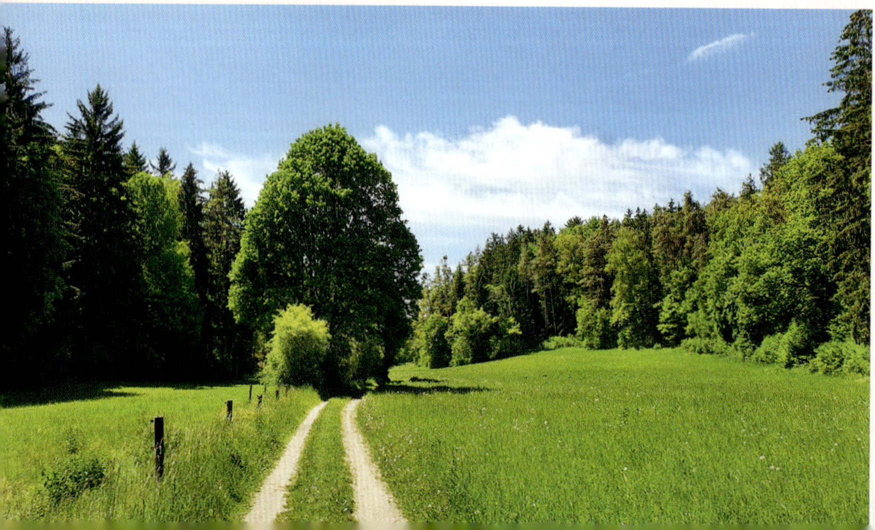

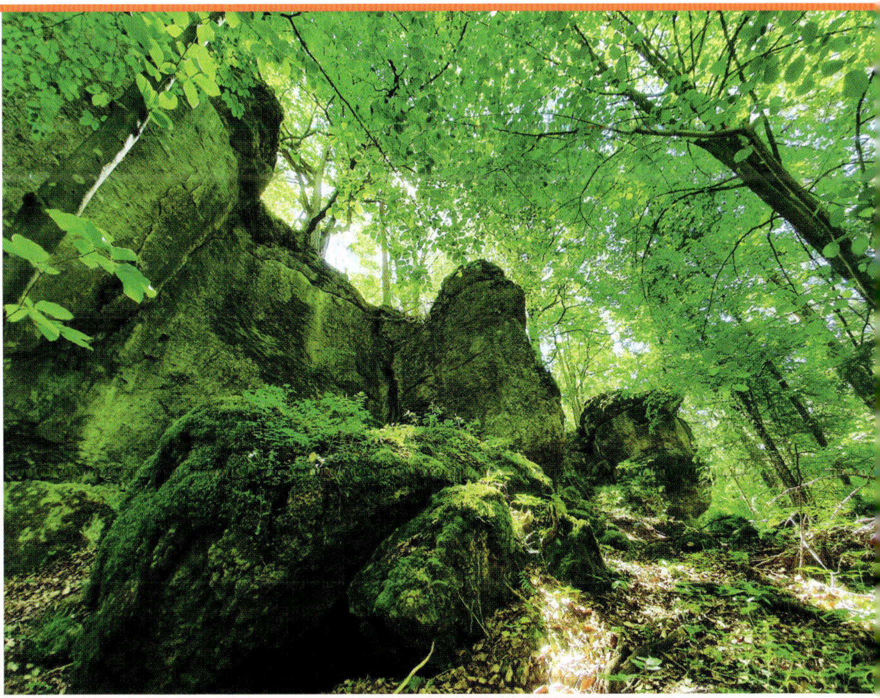

Felsformationen im Görgltal

Görgltal hinein. ❸ Einzelne freistehende Bäume säumen den Talgrund, die Talhänge sind mit Wald bewachsen. Wir gehen links über eine Brücke, die uns nach rechts in den Wald hineinführt. Ein wurzeliger Waldpfad führt parallel zum Talgrund weiter. Bald tauchen die ersten Felsblöcke im Wald auf, die sich rasch zu Felswänden auftürmen. Im weiteren Verlauf wird das Tal immer enger und schmäler.

Wir wandern dem schattigen Pfad folgend über eine kleine Holzbrücke und gehen am Abzweig nach Viehberg geradeaus weiter. Nach einer kleinen Waldwiese wenden wir uns an der Abzweigung nach rechts. Wir lau-

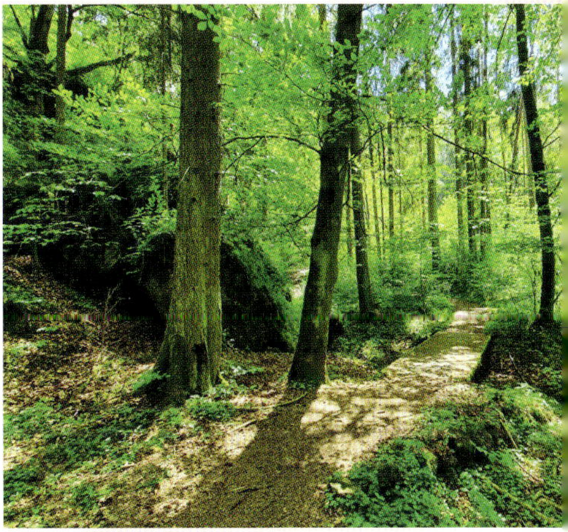

Schattiger Waldpfad im Görgltal

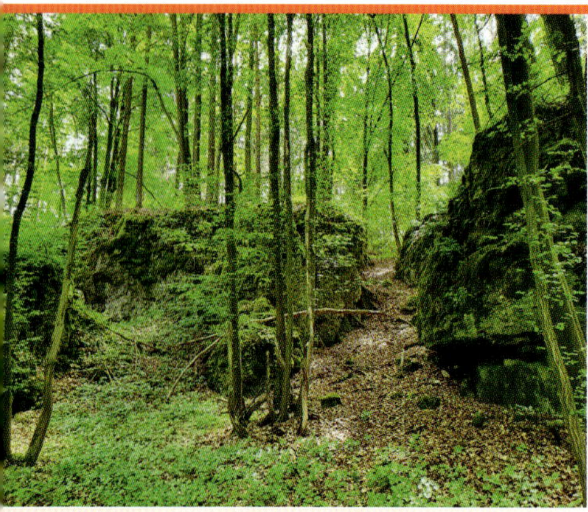

Felsformationen beim Wörgelloch

fen auf eine Felsgruppe zu, an der wir abermals rechts abbiegen. Wir treten ins Freie auf eine Wiese, folgen deren Rand nach links und überqueren die Kreisstraße. Unter einer Stromleitung hindurch führt uns der Weg wieder in den Wald hinein, der parallel zu einer Wildwiese verläuft. Das Wörgelloch liegt etwas versteckt in einem kleinen Felsmassiv, das sich auf der linken Seite auf Höhe des letzten Drittels der Wiese befindet. **4** Es handelt sich hierbei nicht um eine klassische Höhle, sondern um eine Spalthöhle, die auch als Bodendenkmal eingetragen ist.

Wir verlassen nun die Markierung Gelbkreuz und biegen scharf links in den Wald ab und wandern oberhalb des Felsmassivs, in dem sich das Wörgelloch befindet, vorbei. Wir treten aus dem Wald heraus und wandern auf einer Wiese an der Waldkante entlang. Wir treffen auf einen Feldweg, dem wir geradeaus folgen. Vor uns tauchen die Häuser von Weiherzant auf. Bei einer freistehenden Kastanie stoßen wir auf die asphaltierte Ortsstraße. Wir gehen nach links, kommen an der Dorfkapelle **5** vorbei und biegen dann

Blick zurück nach Weiherzant

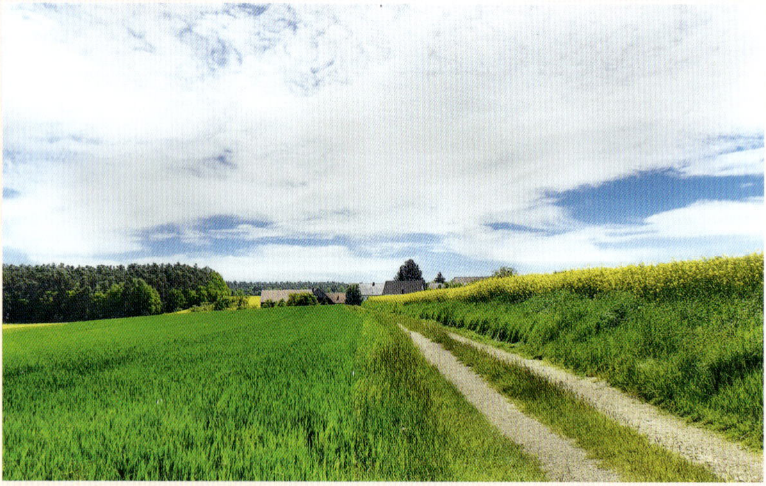

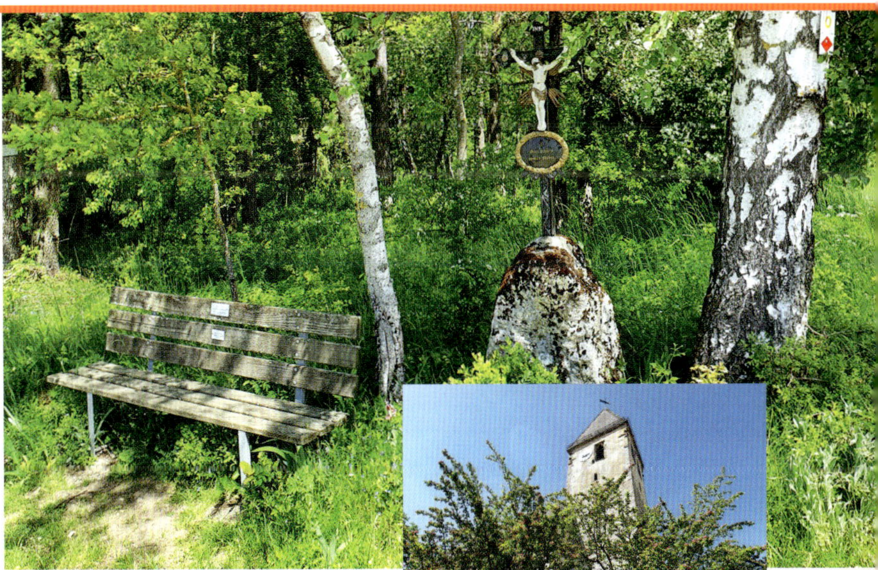

Feldkreuz auf der Hochfläche vor Ammerthal

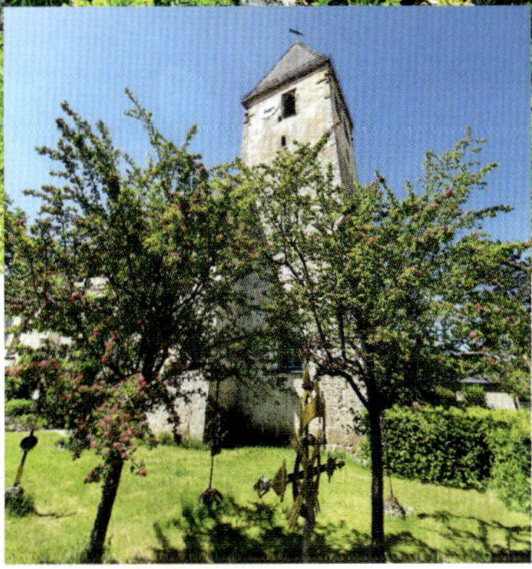

Kirche St. Nikolaus in Ammerthal

nach dem letzten Haus auf der linken Seite vor dem Ortsausgangsschild nach links auf einen Feldweg ein. Dieser führt uns leicht bergab in den Wald hinein. An einem Abzweig wandern wir leicht bergan geradeaus weiter und folgen nun dem Amberger Ringwanderweg, der mit einem gelben Ring markiert ist. Der Weg führt uns aus dem Wald heraus und leitet uns über Wiesen und Felder auf der Hochfläche. Wir kommen an einem Feldkreuz vorbei, das unter einer Birke steht. 6 Nach weiteren 500 Metern erreichen wir die ersten Häuser von Ammerthal und gelangen über den Weiherzanter Weg und die Markierung „gelber Ring" wieder an den Ausgangspunkt unserer Wanderung zurück.

## Essen/Einkehren:

**Landgasthof Erras**
Ammerthaler Straße 2
92260 Ammerthal
Tel. 09621 15233
www.landgasthof-erras.de

**Ammerthaler Hof**
Dorfplatz 8
92260 Ammerthal
Tel. 09628 3689870

# Von Heinzhof zur Wallfahrtskirche Zant

**Mittel**

**7,7 km**

**↓↑ 190 m**

**2 Std.**

**Heinzhof – Fehlnerkapelle – Zant – Heinzhof**

Abwechslungsreiche Wanderung zur Wallfahrtskirche St. Josef in Zant.

**Markierung:**
U5

**Parken:**
Parkplatz des Gasthauses Waldschänke am Hirschpark in Heinzhof

**Tourist-Information:**
Rathaus Ursensollen
Rathausstraße 1
92289 Ursensollen
Tel. 09628 92390

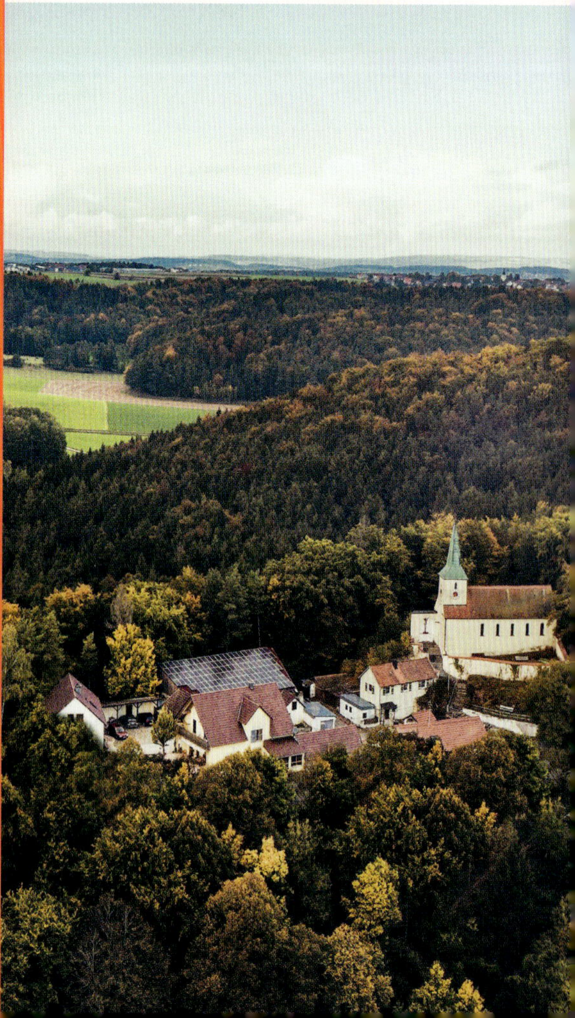

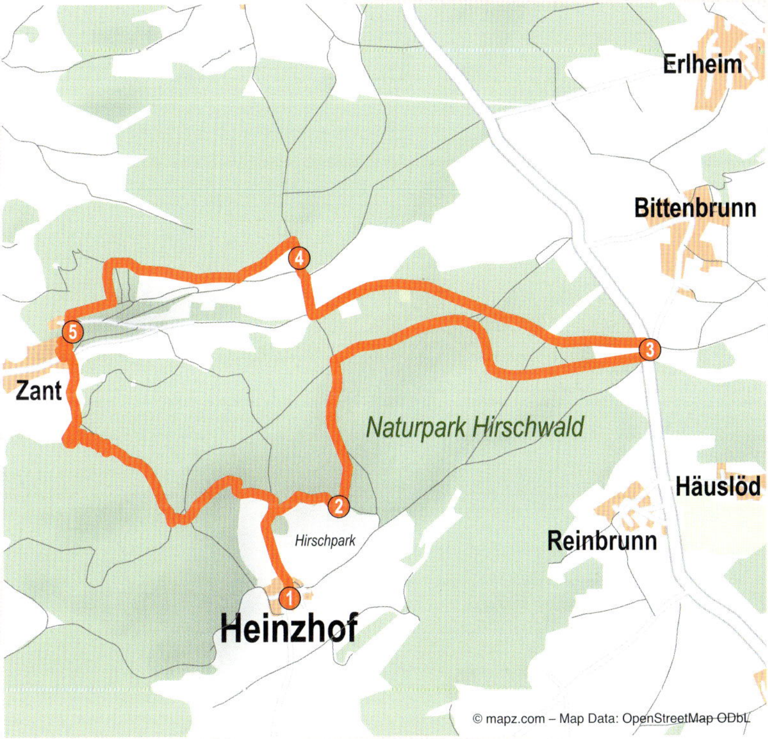


1. Parkplatz des Gasthauses Waldschänke am Hirschpark in Heinzhof – Start/Ziel
2. Rasthütte „Zum Hirschblick“
3. Fehlnerkapelle
4. Finsterhüll
5. Wallfahrtskirche St. Josef

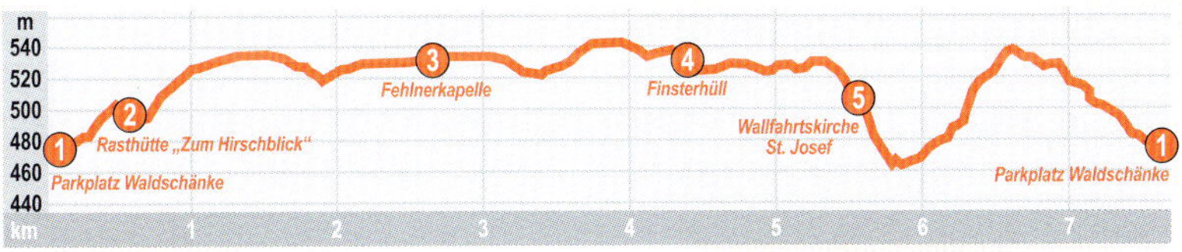

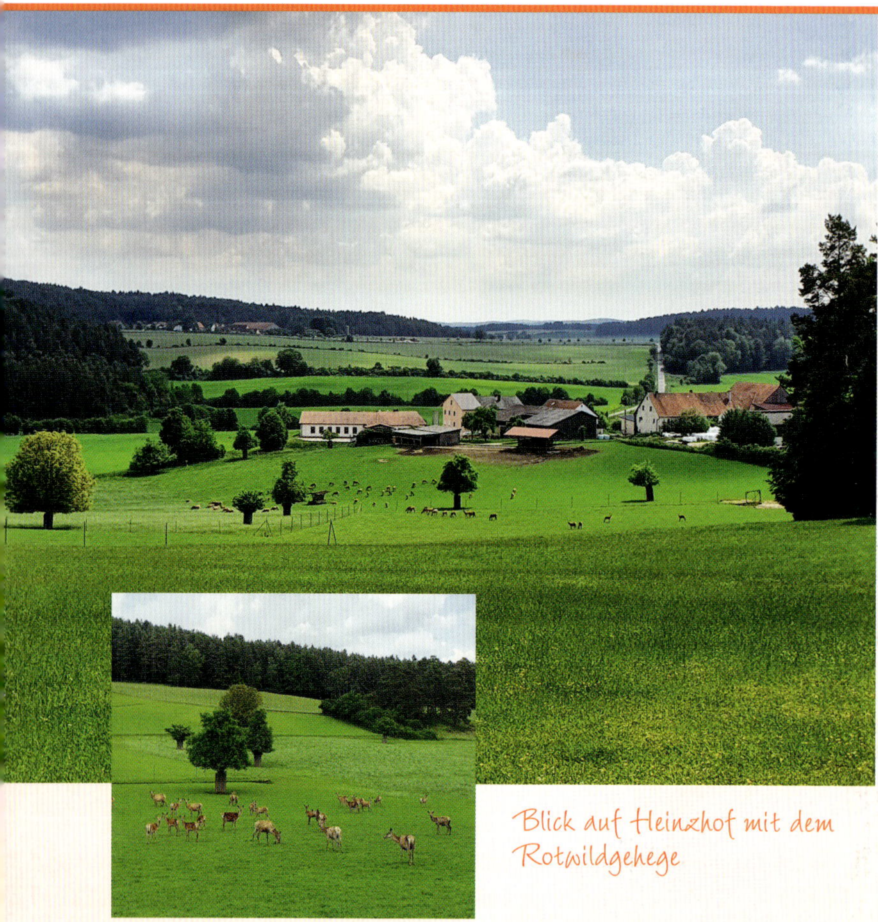

Blick auf Heinzhof mit dem Rotwildgehege

Startpunkt der Wanderung ist das Gasthaus Waldschänke am Hirschpark in Heinzhof. ❶ Wir gehen ein kleines Stück auf der Straße zurück und biegen nach dem Neubauerhof rechts in den Feldweg ein. Wir wandern am Gehege entlang und können die größte Schalenwildart und Namensgeber des Hirschwaldes beobachten. In freier Wildbahn sind die scheuen Fluchttiere so gut wie gar nicht zu sehen. Nach einer kleinen Scheune führt ein Steig halbrechts in den Buchenwald. An der Rückseite des Wildgeheges gehen wir direkt am Zaun entlang, bis wir zur Rasthütte „Zum Hirschblick“ kommen. ❷ Hier biegen wir dann links in den Wald ab. Wir folgen der Markierung und gelangen zu einer Forststraße, auf die wir rechts abbiegen.

Die Tour führt durch einen Mischwald aus Lärchen, Kiefern, Fichten und Buchen. Einzelne Birken säumen den Wegesrand. Auf einer kleinen Lichtung neben einer Fichtenschonung können wir auf der rechten Seite bald einen bewachsenen Hügel erkennen. Dieser stellt die Reste der mittelalterlichen Turmburg Perfall oder Bärenfall dar. Wir wandern weiter Richtung Kreisstraße AS9. Kurz vor der Straße verlassen wir den Wald und laufen auf die Fehlnerkapelle zu. Diese wurde 1927 vom Zimmerermeister Johann Fehlner errichtet. 3

Unsere Route leitet uns allerdings ca. 50 m auf der Kreisstraße nach Norden und dann gleich wieder links am Wochenendhaus vorbei in den Wald. An einer Waldwiese vorbei führt uns der Weg durch einen relativ offenen Buchen-Fichten-Wald. Über eine kleine Anhöhe gelangen wir auf die Feldflur. Wir wandern zunächst parallel zum Wald und biegen an der nächsten Kreuzung nach

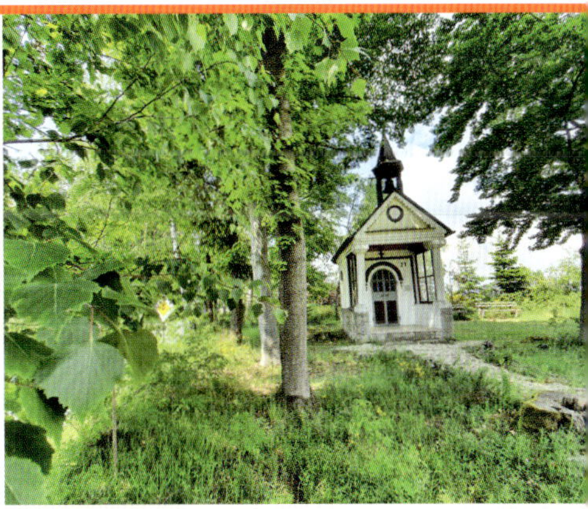

Die Fehlnerkapelle

rechts ab. Beim folgenden Abzweig halten wir uns links und gehen dann gleich rechts den Waldrand entlang hinunter Richtung Finsterhüll. 4

Bei der Infotafel zur Wüstung Finsterhüll treffen wir auf den Habsberg-Amberg-Wanderweg, der mit einem roten Punkt markiert ist. Wir biegen mit ihm scharf nach links ab und wandern auf einem Pfad parallel zum Feldrand weiter. Mächtige Buchen spenden uns

Schattiger Weg nach Finsterhüll

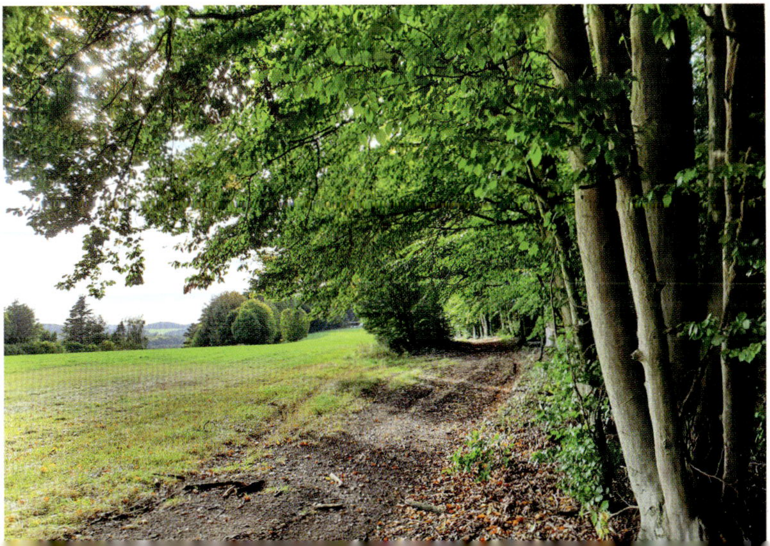

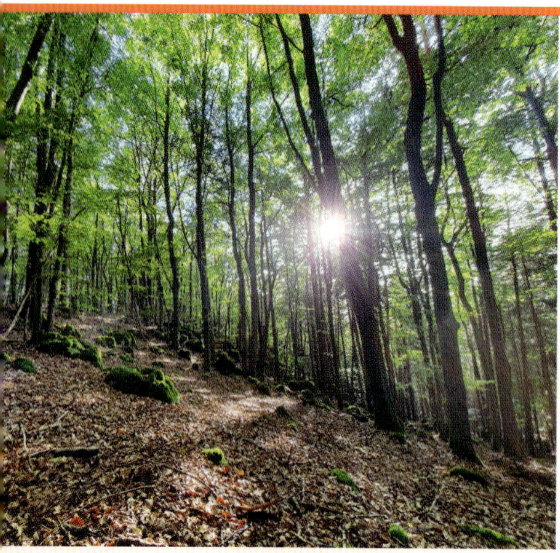

Auf dem Bergsporn Richtung Zant

Schatten. An einem Feldkreuz vorbei geht es weiter am Waldrand entlang. Am Ende der Wiese marschieren wir geradeaus in den Wald. Dort stoßen wir bald auf die Reste eines vorgeschichtlichen Ringwalls. Hier wenden wir uns zunächst nach links und dann nach rechts, um über den Felsriegel direkt auf die Wallfahrtskirche St. Josef zuzulaufen. Diese ist im Kern mittelalterlich, wurde jedoch 1684 umgestaltet. Auf dem Bergsporn unmittelbar westlich der Kirche stand einst eine Burg, von der jedoch nur noch Reste der Mauer erhalten sind. ⑤

Wir gehen durch den Torbogen bei der Kirche, nehmen die Stufen links hinunter und überqueren die asphaltierte Straße. Wir gehen am Geländer links vorbei und steigen auf dem schmalen Steig ins Dorf hinab. Nun verlassen wir die Markierung „roter Punkt“ und biegen nach links auf die Hauptstraße ab. Gleich darauf führt uns ein Feldweg rechts über Wiesen auf den Wald zu.

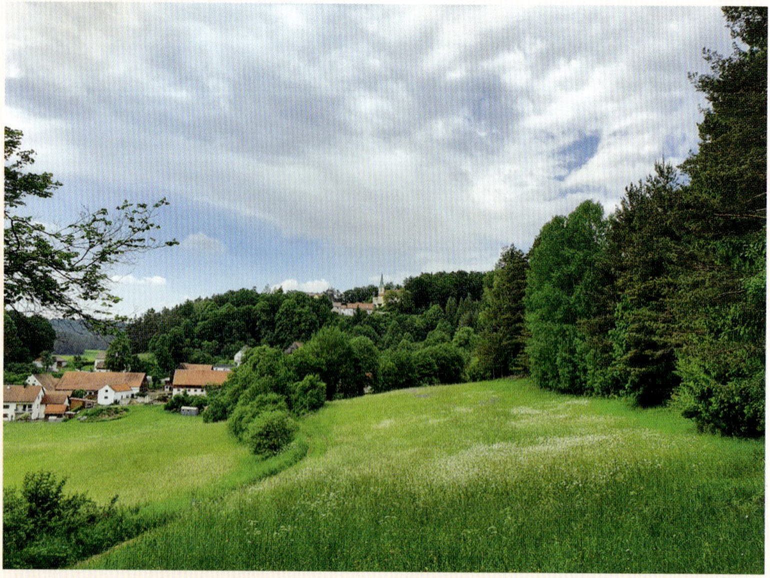

Blick zurück nach Zant

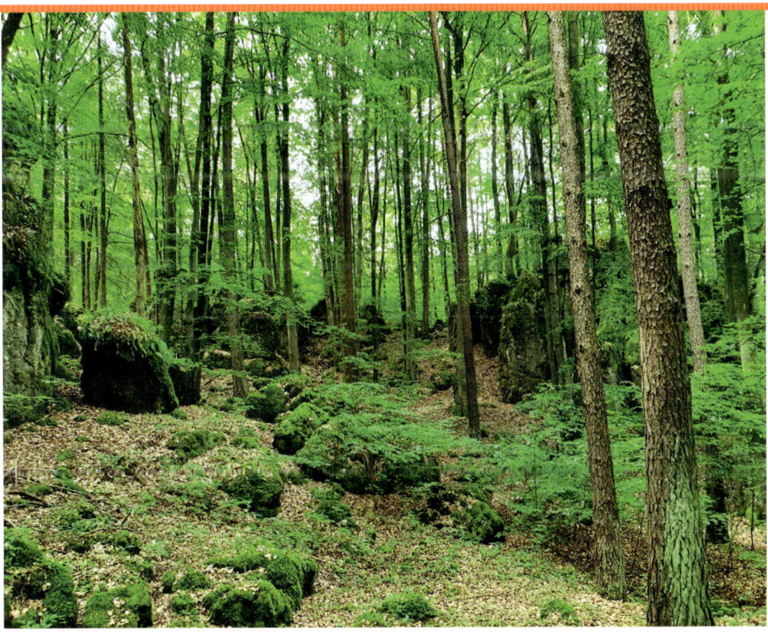

Felslandschaft nach Zant

Wir stoßen auf eine komplizierte Kreuzung und gehen zunächst geradeaus parallel zur Wiese in den Wald hinein. Dann biegen wir links ab und wandern in Mäandern an zahlreichen Felsblöcken und einigen Jurariffen vorbei auf den Bergrücken. Nach dem herausfordernden Anstieg treffen wir auf einen Waldweg, auf den wir nach links abbiegen. An einer Wegkreuzung folgen wir der Markierung nach rechts. So kommen wir zu einer Forststraße, auf die wir links abbiegen. Gleich darauf geht es wieder rechts, wo sich ein schmaler Pfad durch Buchendickungen hindurch abwärts windet. Wir wandern entlang einer Wiese, bis wir auf einen breiteren Waldweg stoßen und wieder an der Rückseite des Wildgeheges ankommen. Von dort aus ist es nicht mehr weit bis zum Parkplatz an der Waldschänke.

## Essen/Einkehren:

**Waldschänke am Hirschpark**
Heinzhof 5
92289 Ursensollen
Tel. 09628 91153
www.waldschaenke-heinzhof.de

**Gasthof Erlhof**
Laurentiusstr. 9
92289 Ursensollen-Erlheim
Tel. 09628 273
www.erlhof-erlheim.de

# Durch die Bayerische Toskana

Leicht

9,5 km

↓↑ 188 m

2½ Std.

**Stettkirchen – Adertshausen – Pirzertal – Lammerthal – Stettkirchen**

Vielseitige Wanderung über Wacholderheiden, durch lichte Kiefernwälder und schattige Fichtenforste.

**Markierung:**
Jakobsweg, Jurasteig, Wacholderwanderweg

**Parken:**
Parkplatz an der Wallfahrtskirche in Stettkirchen

**Tourist-Information:**
Rathaus Hohenburg
Marktplatz 19
92277 Hohenburg
Tel. 09626 92110

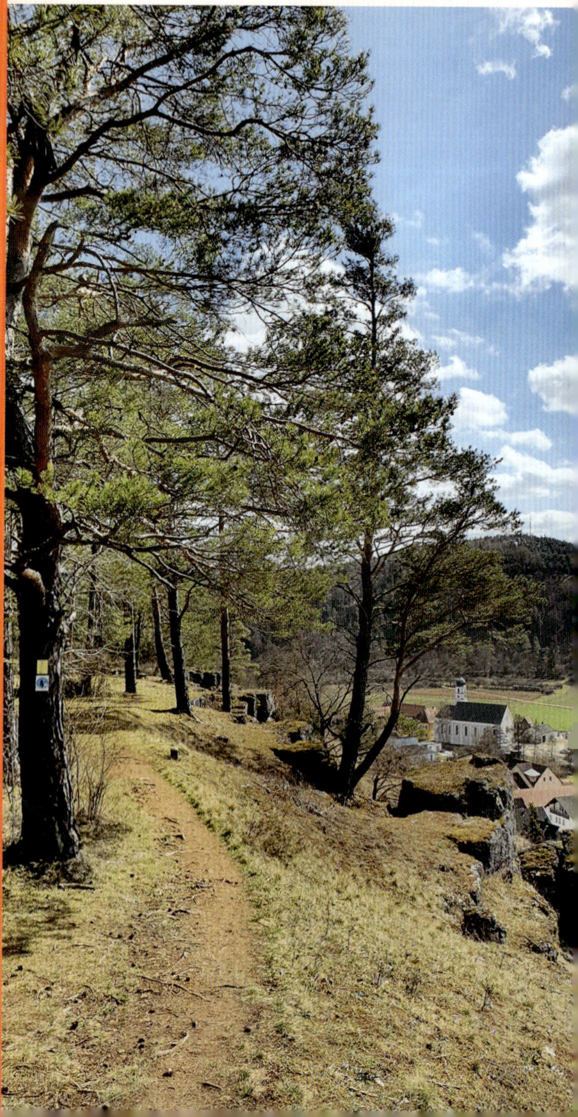

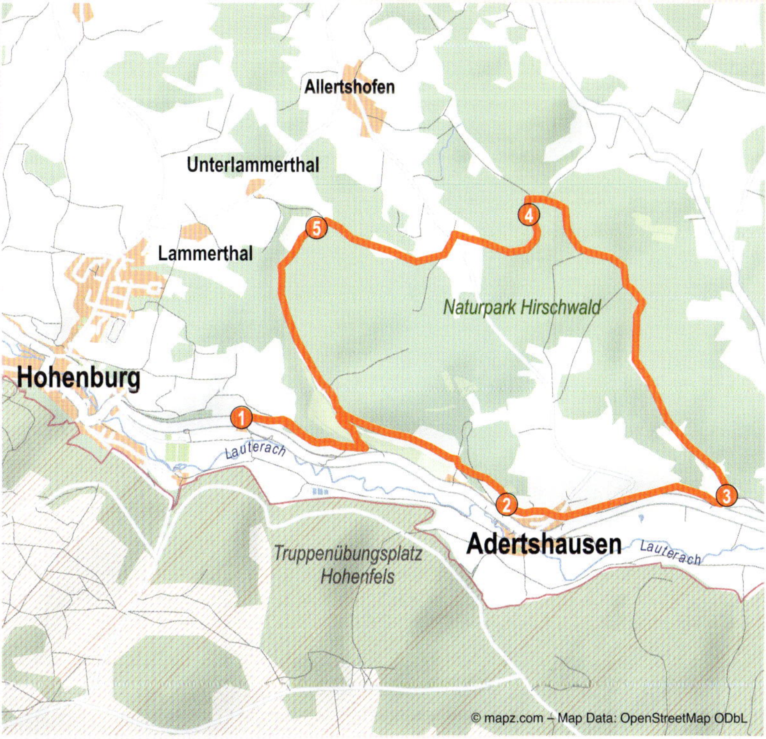


1 Wallfahrtskirche Mariä Heimsuchung – Start/Ziel

2 Felsplateau Adertshausen

3 Einstieg Pirzertal

4 Anknüpfung Jakobsweg

5 Eiche

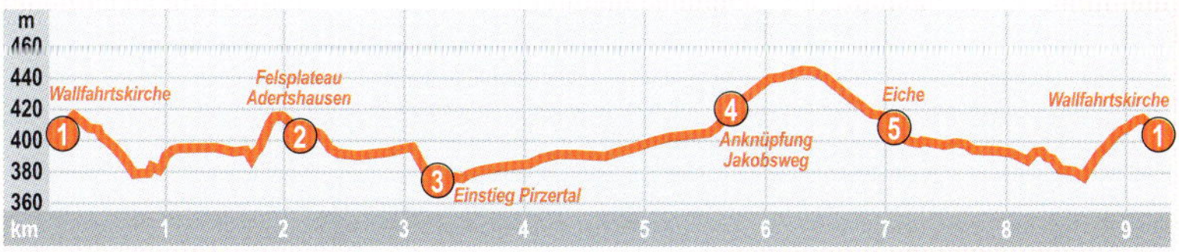

Der Startpunkt dieser Wanderung liegt an der Wallfahrtskirche Mariä Heimsuchung in Stettkirchen. ❶ Einer Sage nach geht die Entstehung der Kirche auf eine Schlacht im Jahre 976 zurück. Schriftlich wird die im Kern romanische Kirche erstmals 1391 erwähnt. Vom Parkplatz bei der Kirche aus wenden wir uns nach Westen und überqueren die Straße, um den Durchlass zwischen den Leitplanken zu nutzen.

Auf Jurasteig und Wacholderwanderweg wandern wir nach rechts die herrliche Wacholderheide mit ihren zypressenartigen Baumsäulen, duftenden Kräutern, bunten Blumen und zahlreichen Schmetterlingen hinauf. Ein Blick zurück bietet eines der schönsten Postkartenmotive der Region: das Tal der Lauterach zu Füßen, im Mittelgrund die Wallfahrtskirche und im Hintergrund die Mauerreste der Burgruine Hohenburg. Der Pfad führt uns bald darauf wieder leicht bergab.

An einer Infotafel zum Jakobsweg wenden wir uns nach links. Flankiert von Hecken und Schlehenbüschen geht es ein kurzes Stück auf den Wald zu. Ein Steig führt mäßig steil halbrechts in den Wald hinein und verbreitert sich bald zu einem Waldweg. Weiterhin der Markierung von Jurasteig und Wachol-

Wallfahrtskirche Stettkirchen

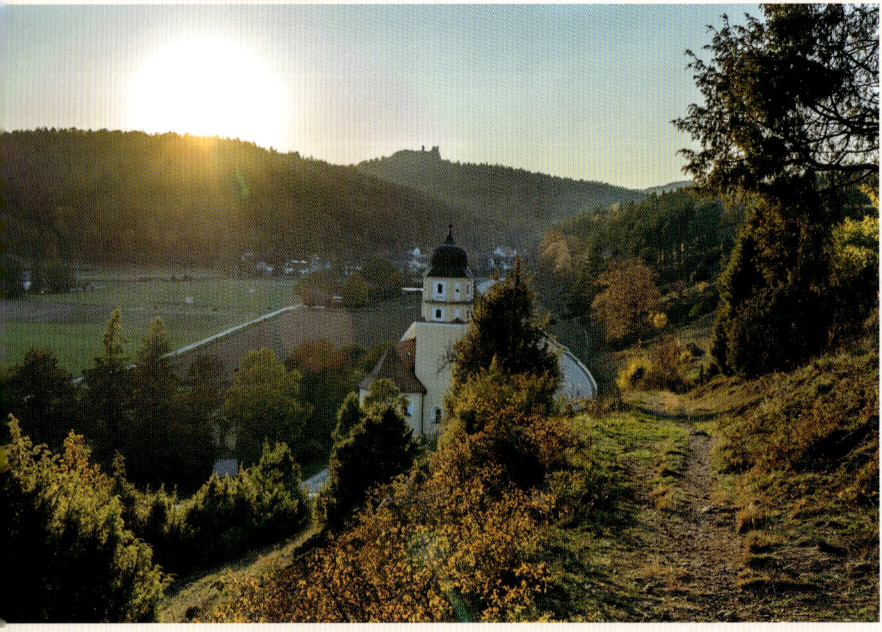

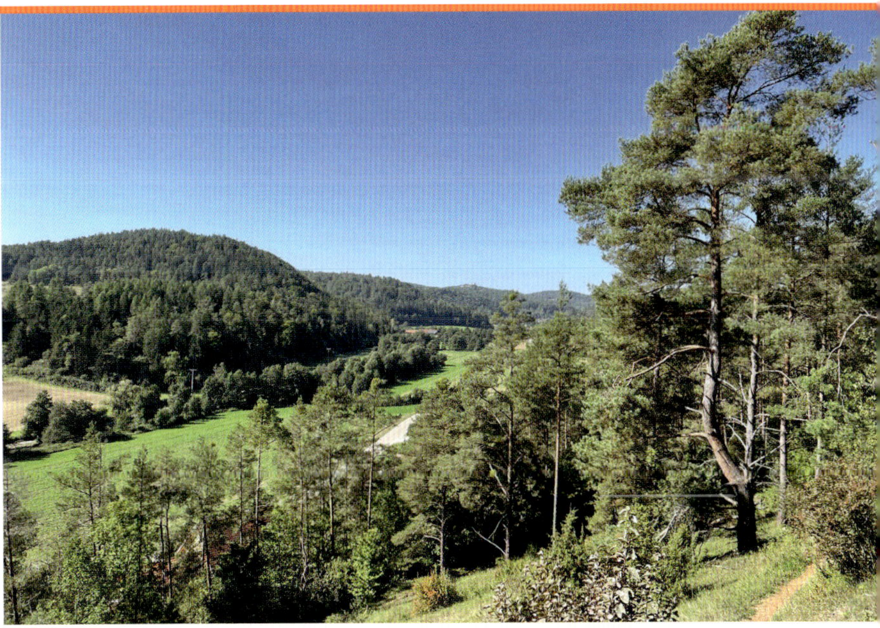

Blick von Adertshausen Richtung Hohenburg

derwanderweg folgend wandern wir durch einen lichten Kiefernwald mit Felsen und Wacholder. Nach der Überquerung einer Forststraße geht es weiter durch einen offenen Kiefernforst.

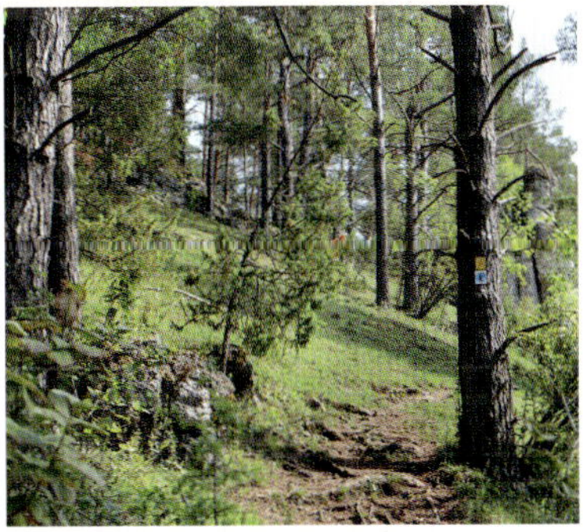

Kiefernwald vor Adertshausen

Bald steigt der Weg – teilweise von einem Geländer begleitet – steil auf ein Felsplateau hinauf. 2 Eine Bank bietet einen schönen Blick auf Adertshausen und ins Lauterachtal. Adertshausen wurde bereits im 9. Jahrhundert erstmals erwähnt. Die von unserem Aussichtspunkt sichtbare Pfarrkirche St. Peter wurde 1889 neu erbaut, der gotische Turm wurde mit in den Neubau integriert. Über Felsen und um Kiefern herum schlängelt sich der Pfad der Hangkante entlang und führt nach Adertshausen hinab.
Wir überqueren eine Straße und folgen einem schmalen Weg durch eine Wacholderheide entlang der Staatsstraße. Wenig später überqueren wir eine kleine Holzbrücke und stoßen auf einen Forstweg. Wir haben

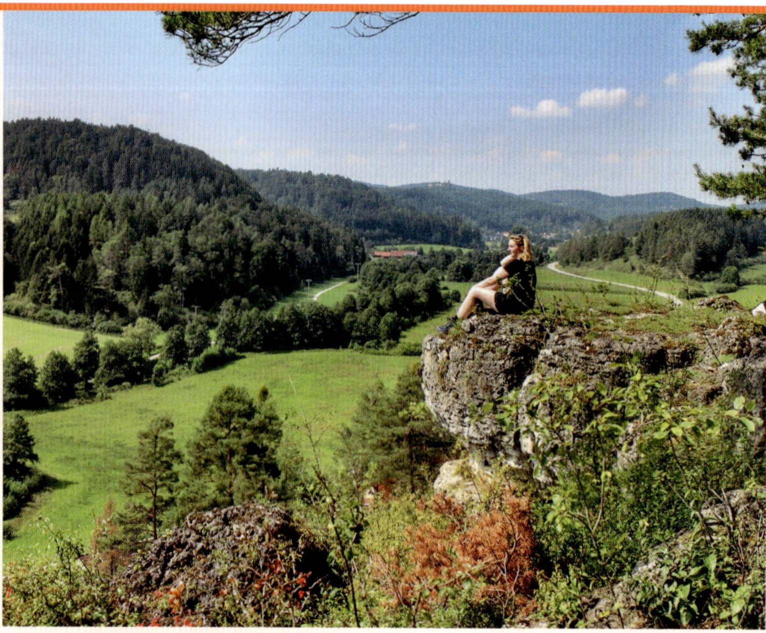

Aussichtspunkt Adertshausen

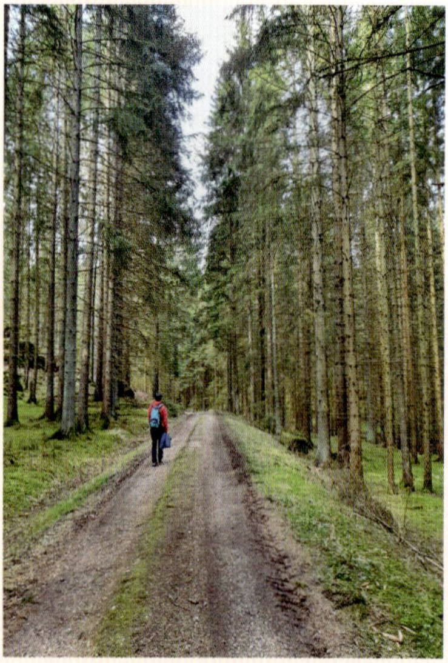

Im Pirzertal

den Eingang zum Pirzertal erreicht. 3 Der Jurasteig und der Wacholderwanderweg zweigen geradeaus ab, wir wenden uns nach links und bleiben auf der Forststraße. Wir wandern in das Pirzertal hinein und werden anfangs noch von relativ offenen Wacholderhängen begleitet, doch der Wald wird bald immer dichter und schattiger.

Etwa zwei Kilometer nach dem Eintritt ins Pirzertal quert der Jakobsweg. 4 Wir folgen der Muschelmarkierung und steigen schräg links den Berg hinauf. Der Pfad führt ein Stück durch einen Fichtenwald, der wie mit einem grünen Moosteppich ausgelegt zu sein scheint. Kurz nachdem wir aus dem

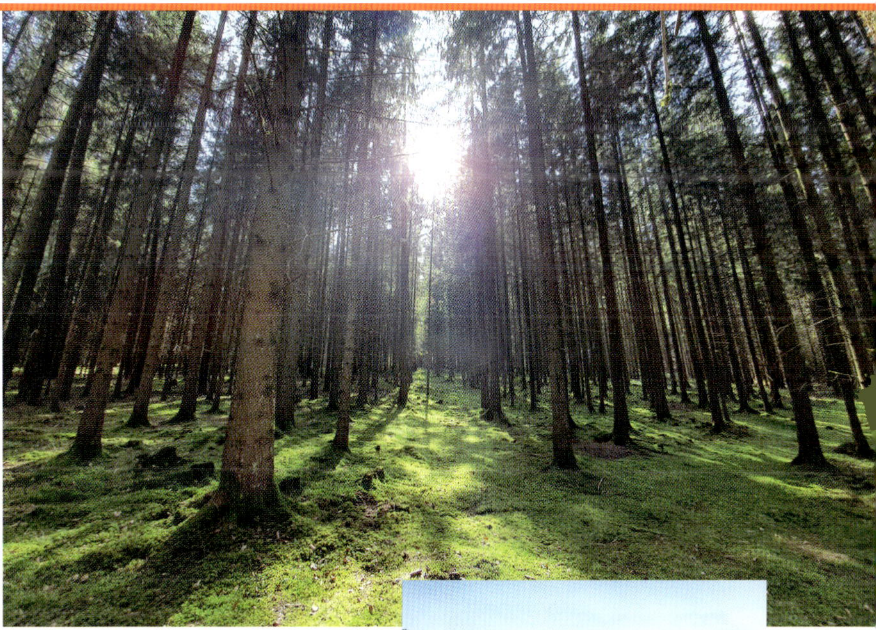

Fichtenwald am Jakobsweg

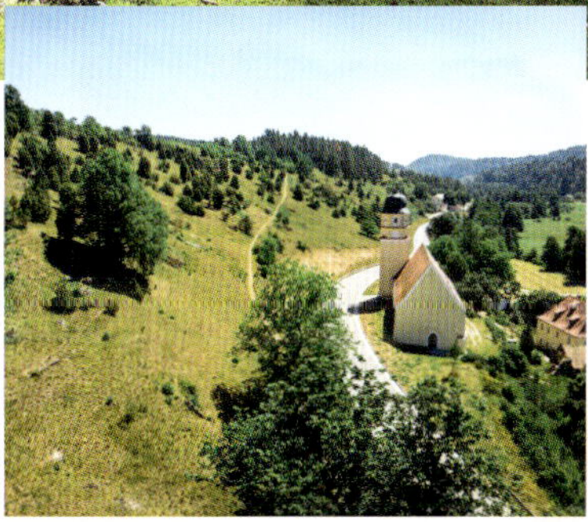

Wallfahrtskirche Stettkirchen

Wald heraustreten, muss die Ortsverbindungsstraße Allertshofen-Adertshausen überquert werden. Etwas links versetzt führt der Jakobsweg leicht bergab durch eine Wald-Feld-Flur. An einer Kreuzung mit einer größeren einzeln stehenden Eiche 5 biegen wir nach links ab und folgen dem Jakobsweg weiter leicht bergab durch ein bewaldetes Trockental. Nach etwas über einem Kilometer treffen wir wieder auf die Markierungen von Jurasteig und Wacholderwanderweg, halten uns leicht rechts und folgen der Jakobsmuschel. An der Infotafel über den Jakobsweg wenden wir uns nach rechts und wandern wieder zurück zum Ausgangspunkt unserer Tour.

Essen/Einkehren:

**Hammermühle Café Taverne**
Hammermühlstr. 32
92277 Hohenburg
Tel. 09626 929853
www.cafe-hammermuehle-bio.de

# Auf dem Wacholderwanderweg übers Hochholz bei Kastl

**Leicht**

**4,6 km**

**↓↑ 172 m**

**1½ Std.**

**Cappuccino-Station – Klosterburg – Hochholz – Galgenberg – Hochhaus – Klosterburg – Cappuccino-Station**

Kleine Wanderung auf dem Wacholderwanderweg über das Hochholz.

**Markierung:**
Wacholderwanderweg

**Parken:**
Parkplatz an der Cappuccino-Station an der B299 oder am Hochhaus (B299/Einmündung Klosterbergstraße)

**Tourist-Information:**
Rathaus Kastl
Marktplatz 1
92280 Kastl
Tel. 09625 92040

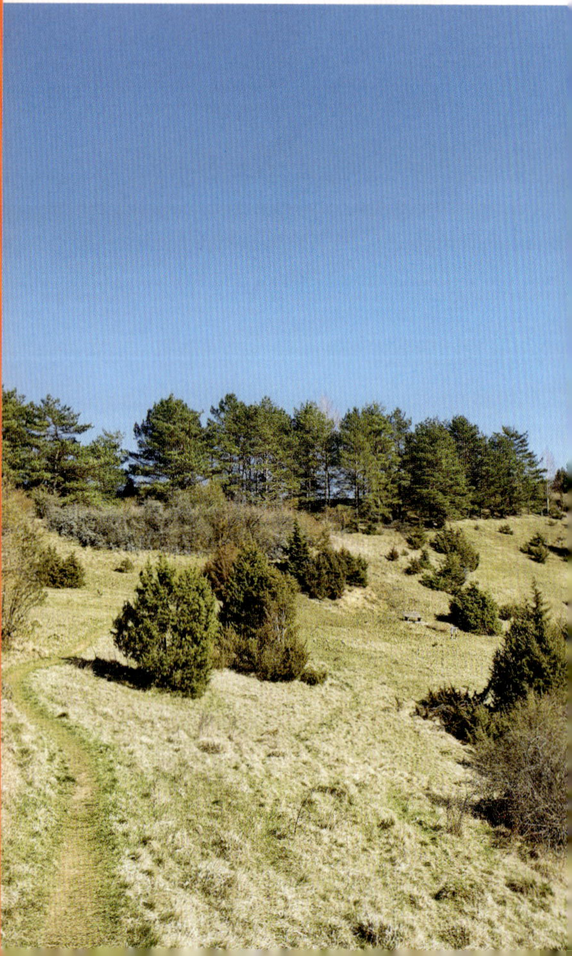

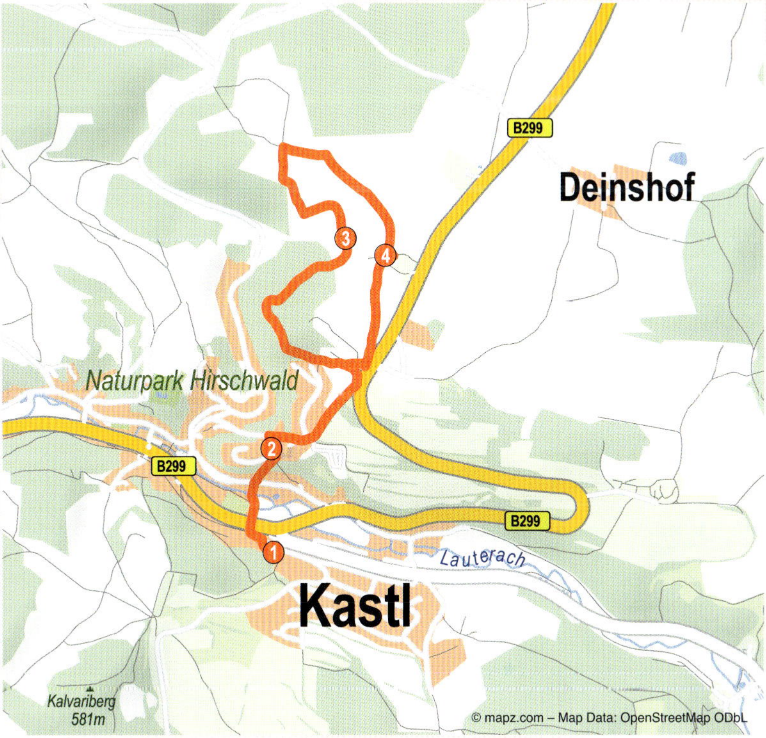


1 Cappuccino-Station – Start/Ziel

2 Klosterburg

3 Panoramatafel

4 Hochhaus

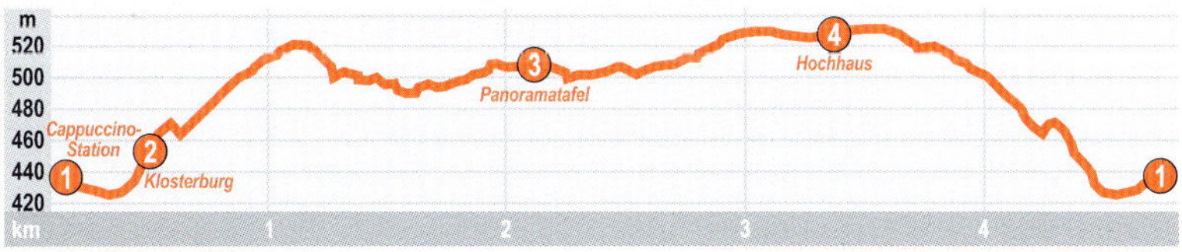

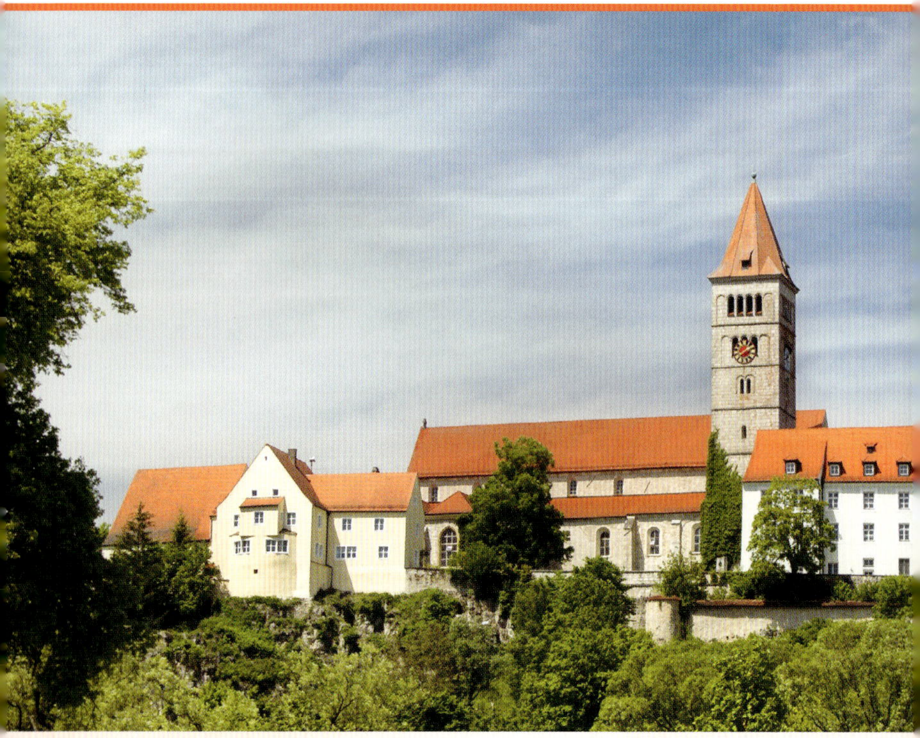

## Die Klosterburg Kastl

Startpunkt der kleinen Wanderung ist der Parkplatz an der Cappuccino-Station an der B299. Das Gebäude war der ehemalige Bahnhof an der alten Bahntrasse Amberg-Kastl-Lauterhofen. 1 Wir überqueren die B299 an der Fußgängerampel und gehen am Sport- und Spielplatz, an der Marienkapelle und am Kneippbecken vorbei. Wir überqueren die Hohenburger Straße und stoßen auf eine Treppenanlage, die uns hoch zur Klosterburg Kastl führt.

Das Kloster wurde 1103 gegründet und auf einer alten Burganlage errichtet. 1195 wurden die Bauarbeiten an der Klosterkirche abgeschlossen. Die romanische Kirche sollte unbedingt besichtigt werden, da sie in ihrem Innern neben der Mumie von Prinzessin Anna (†1319) weitere kunsthistorische Besonderheiten beherbergt. 2

Wir verlassen die Anlage durch einen Torbau und biegen rechts in die Klosterbergstraße ein, die uns bergan führt. Kurz bevor diese in die B299 mündet, wenden wir uns nach links. Oberhalb des ehemaligen Hotels Berghof führt ein Wirtschaftsweg entlang einer Hecke auf eine schöne Wacholderheide. Leicht abwärts führt ein Pfad direkt ins sog. Hochholz, einen schattigen Buchenwald,

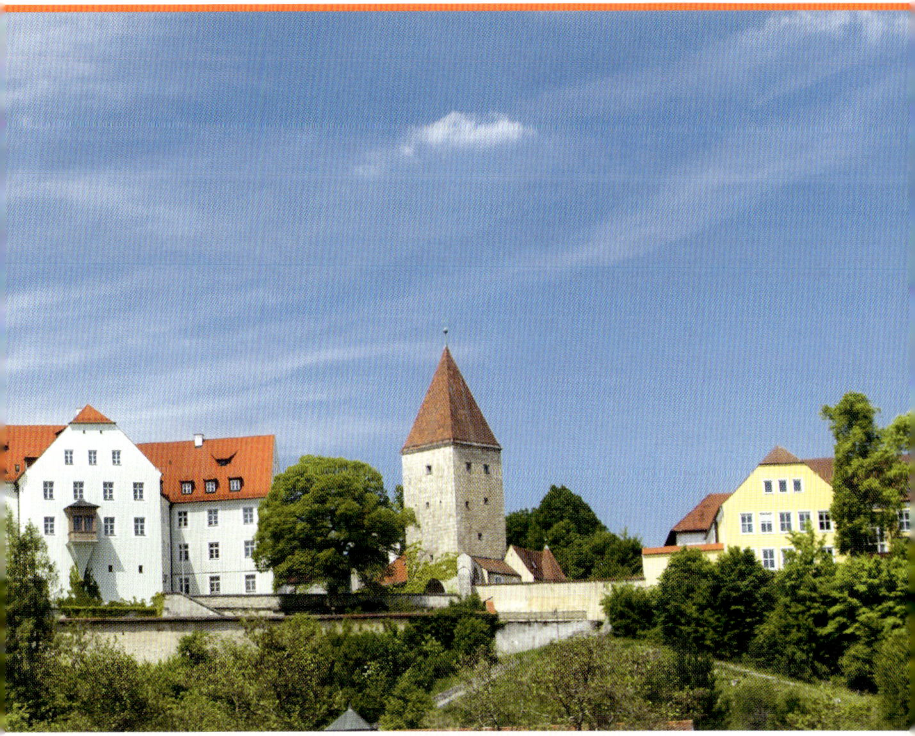

Die Mumie von Prinzessin Anna

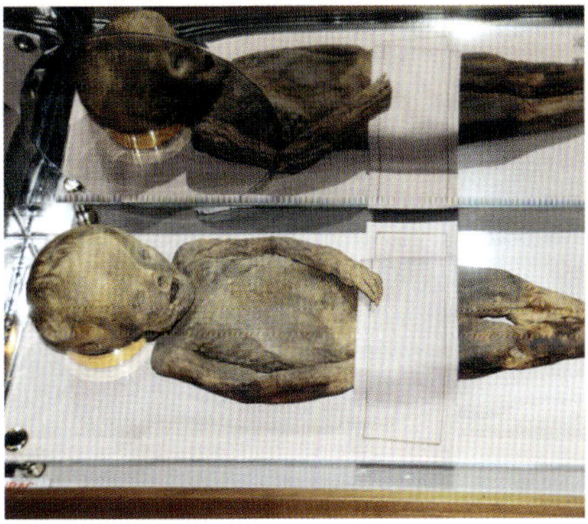

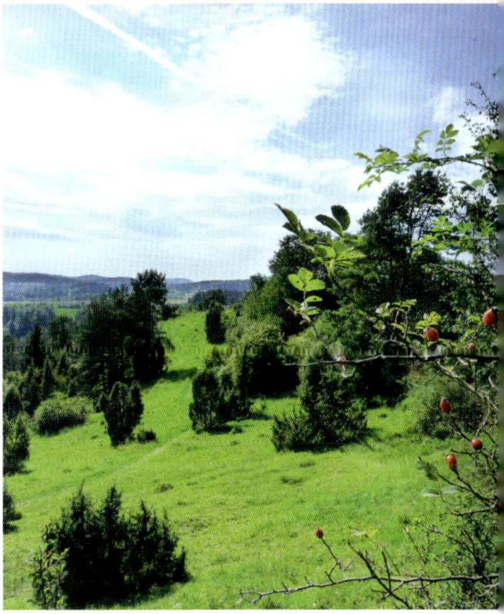

Wacholderheide vor dem Hochholz

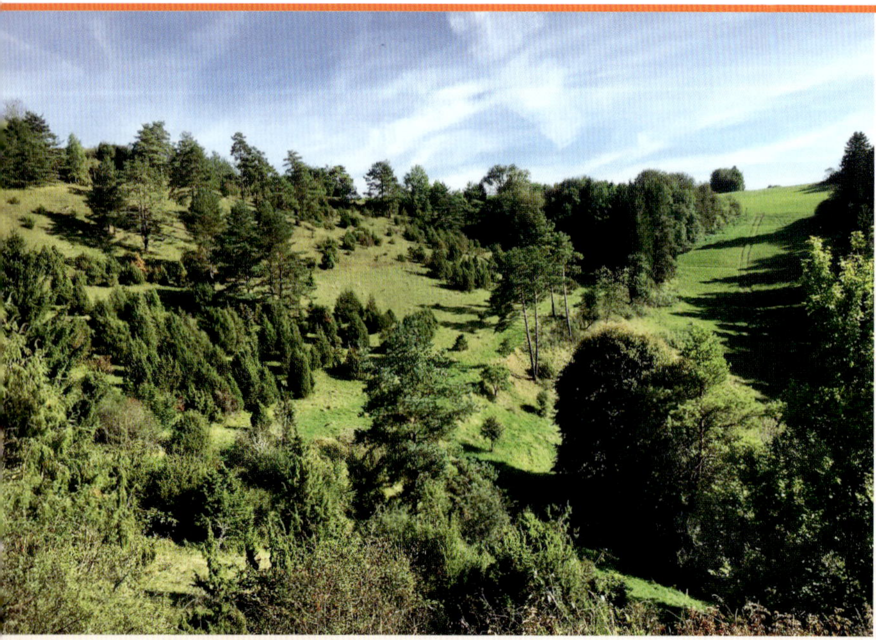

Wacholderheide

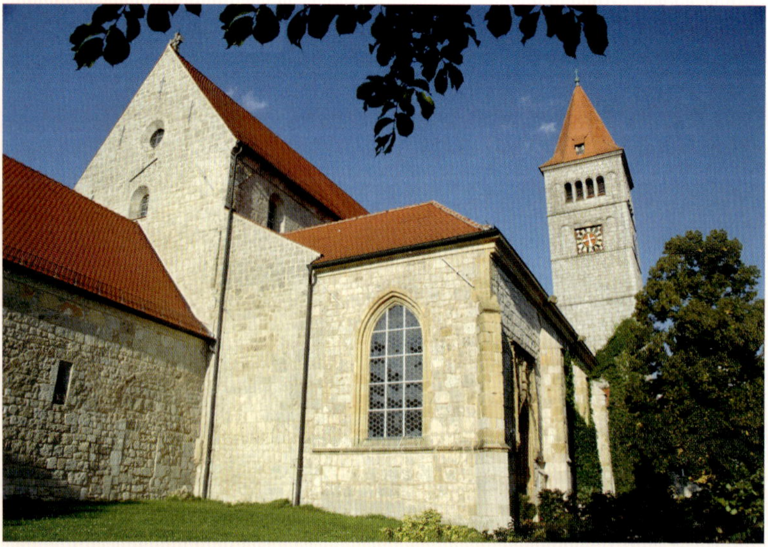

Klosterburg Kastl

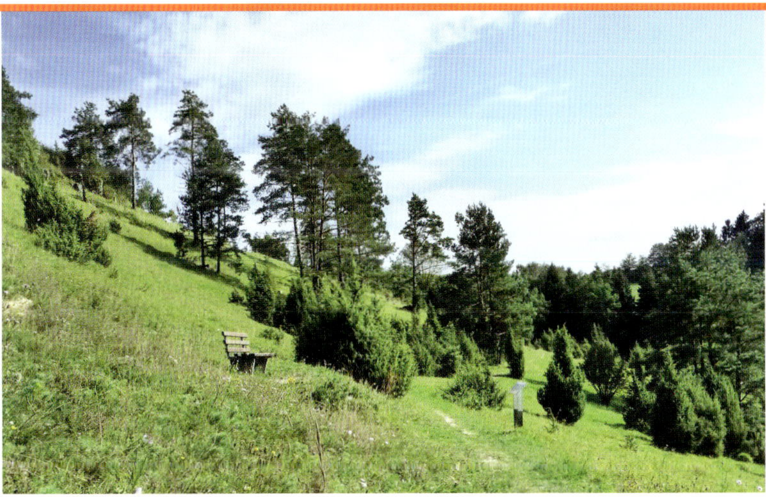

Aussichtspunkt mit Panoramatafel

durch den auch ein Waldlehrpfad führt. Nach etwa 600 m verlassen wir den Wald und folgen der Route über eine Schneise zum Galgenberg.

Hier wartet eine herrliche Wacholderheide auf uns, über die ein schmaler Pfad führt. Eine Bank mit einer Panoramatafel lässt unsere Blicke zur Wart, nach Trautmannshofen oder zur Radarstation Mittersberg schweifen. 3 Ein paar Stufen hinab folgen wir der Heckenreihe nach rechts und wandern an der Wiese entlang bis zum Schotterweg. Hier wenden wir uns abermals nach rechts. Über die Feldflur gelangen wir zum sog. Hochhaus und lassen das landwirtschaftliche Anwesen links liegen. 4

Bald darauf erreichen wir wieder den Gasthof Berghof, von dem wir den Rückweg zum Parkplatz im Tal antreten. Alternativ kann die Tour aber auch direkt hier begonnen werden, Parkmöglichkeiten bestehen an der Einmündung der Klosterbergstraße in die B299.

## Essen/Einkehren:

**Land-gut-Hotel-Forsthof**
Amberger Str. 2
92280 Kastl
Tel. 09625 92030
www.hotel-forsthof.de

**Pizzeria Cappuccino-Station**
Amberger Straße 26
92280 Kastl
Tel. 09625 7409036
https://cappuccino-station.business.site

**Gasthof Schwarzer Bär**
Marktplatz 13
92280 Kastl
Tel. 09625 562
www.schwarzer-baer-kastl.de

# Um den Mariahilfberg

**Leicht**

**3 km**

**↓↑ 75 m**

**1 Std.**

**Forsthaus – Schwammerl – Jesuitenbrünnerl – Kräuterbrünnerl – Forsthaus**

Schattige kleine Runde mit vielen Ausblicken durch herrlichen Laubwald.

**Markierung:**
Erzweg (rotes Kreuz), grünes Dreieck

**Parken:**
Parkplatz am Festplatz bei der Wallfahrtskirche auf dem Mariahilfberg

**Tourist-Information:**
Tourist-Info Amberg
Hallplatz 2
92224 Amberg
Tel. 09621 101239

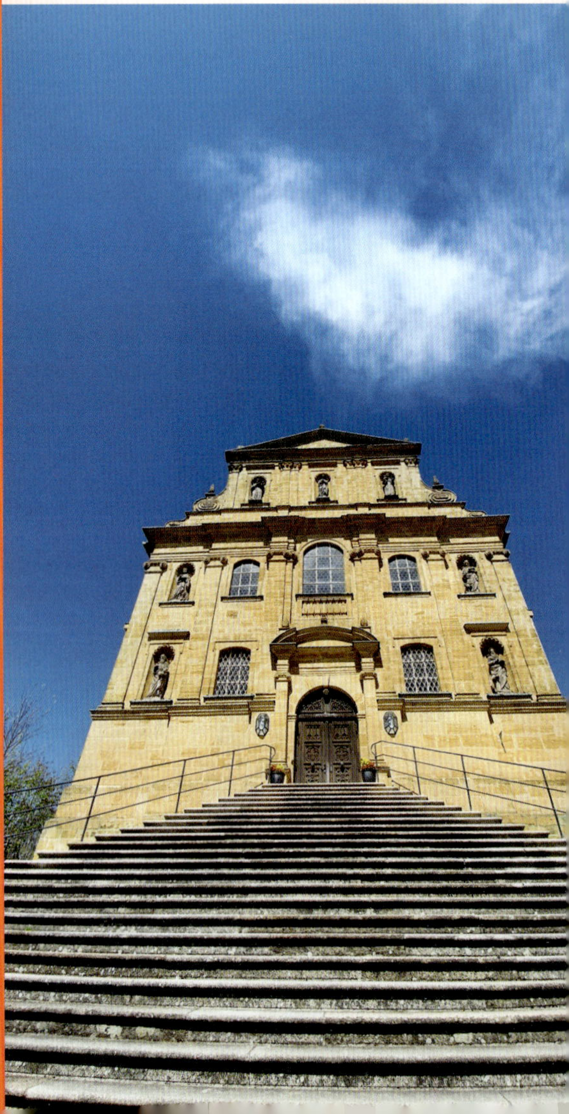

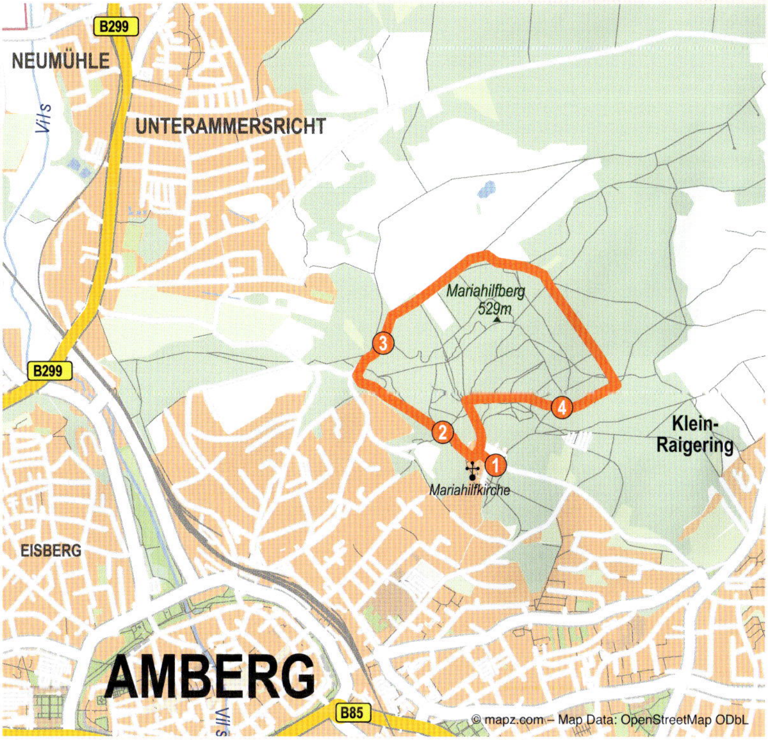


1. Parkplatz am Festplatz bei der Wallfahrtskirche auf dem Mariahilfberg – Start/Ziel
2. Aussichtsplatz Schwammerl
3. Jesuitenbrünnerl
4. Kräuterbrünnerl

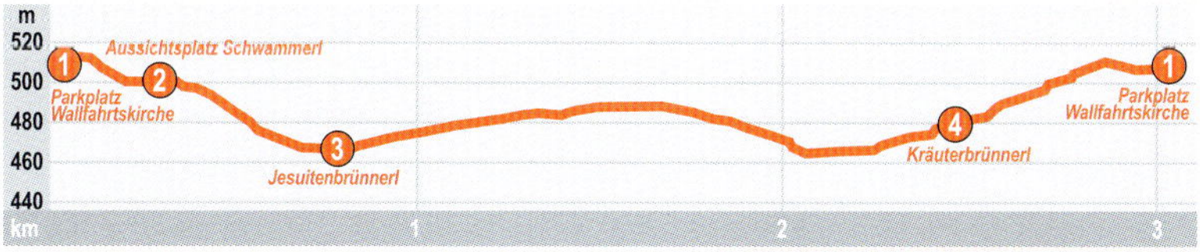

Besonders im Hochsommer ist diese kleine Wanderung um den Mariahilfberg ein schattiges Vergnügen, führt sie doch nahezu vollständig durch einen herrlichen Laubwald. Vom Parkplatz am Festplatz ① aus gehen wir zum oberen Ende und wenden uns nach links. Zwischen dem städtischen Forsthaus und dem wuchtigen Turm der Bergkirche folgen wir rechts dem Fußweg, der mit Rotkreuz markiert ist, bergab. Nach einer Infotafel zum Erzweg und einer Kreuzigungsgruppe gelangen wir zum ersten Aussichtspunkt der Tour. Dieser wird wegen seiner Form auch als „Schwammerl" bezeichnet. ② Der Blick reicht über die Altstadt von Amberg hinaus weit in den Hirschwald hinein.

Wir halten uns links, wandern weiter entlang einer Wiese und verlassen die Erzweg-Markierung Rotkreuz, bis wir auf eine asphaltier-

Blick auf Amberg

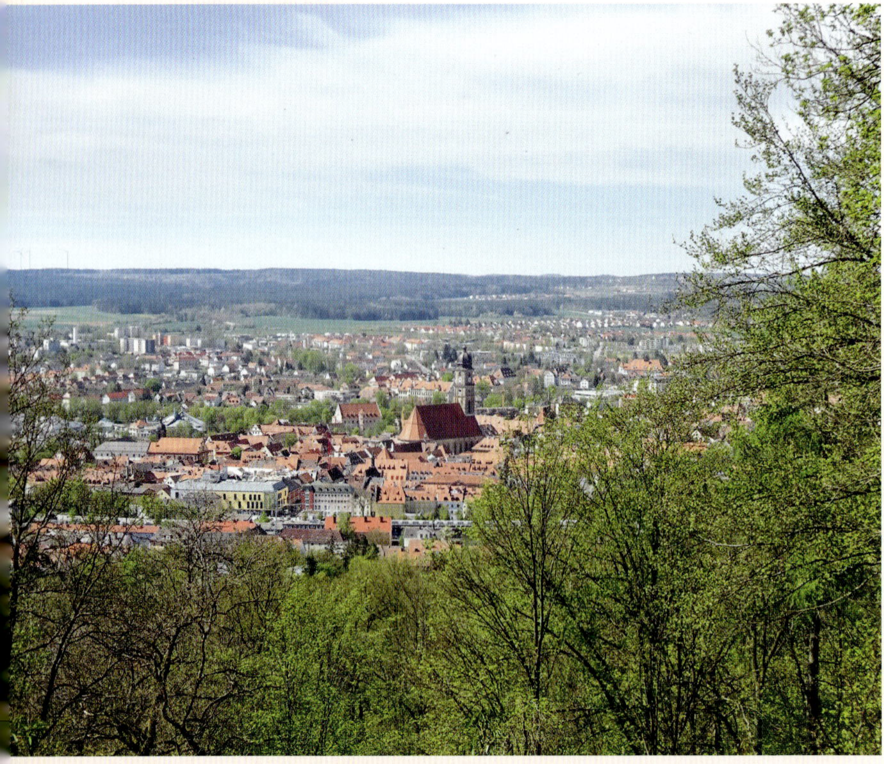

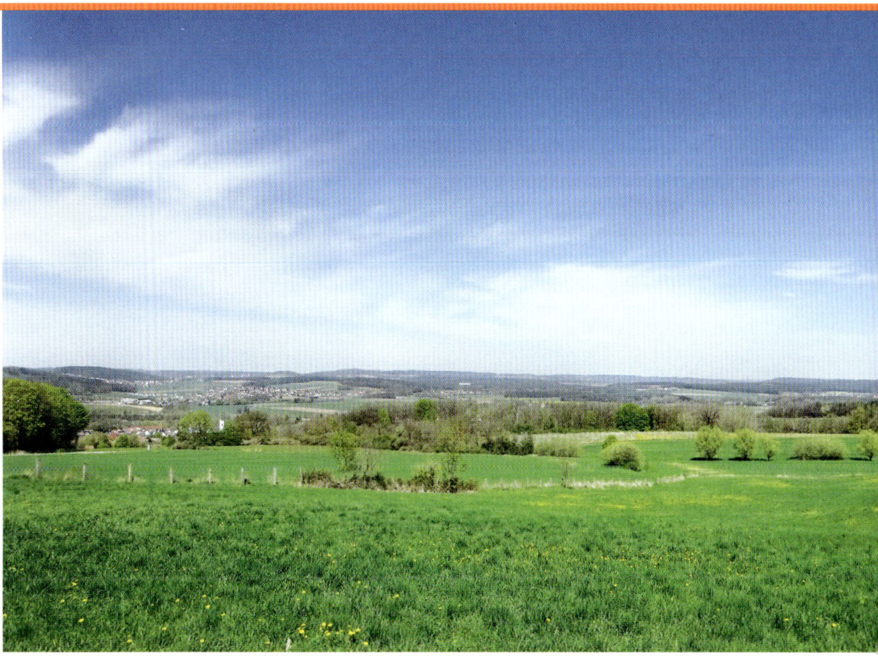

Blick Richtung Sulzbach-Rosenberg

te Straße stoßen. Dort wenden wir uns nach rechts und folgen dieser. Von nun an werden wir eine Zeit lang von einem roten Punkt und einem grünen Dreieck als Markierungen begleitet. An einer Wegkreuzung halten wir uns gerade, passieren das Jesuitenbrünnerl 3 und können bald bei zwei Gartengrundstücken die zweite Aussicht der Wanderung genießen. Über Ammersricht geht der Blick bis nach Sulzbach-Rosenberg. Die Türme der Christus- und Marienkirche sind deutlich sichtbar, ebenso wie die Wallfahrtskirche auf dem Annaberg.

Wir wandern weiter, passieren ein Wohnhaus und nehmen den für Autos gesperrten Wirtschaftsweg. Eine schöne Aussicht über Wiesen und Felder öffnet sich, im Hintergrund ist die Ortschaft Aschach zu sehen. Wir halten uns an der Waldkante und folgen unserem Weg, der uns wieder in einen herrlichen Laubwald bringt. Über eine kleine Kuppe geht es immer geradeaus, bis wir an eine Kreuzung mit vier Abzweigen gelangen. Hier biegen wir ohne Markierung nach rechts ab und kommen bald zum Kräuterbrünnerl. 4 Wir wandern weiter geradeaus, vorbei an einem Marterl bestehend aus Madonnenfigur und Kreuz, bis wir auf eine Schotterstraße stoßen. Hier biegen wir links ab und haben bald wieder das städtische Forsthaus und den Parkplatz auf dem Mariahilfberg vor uns.

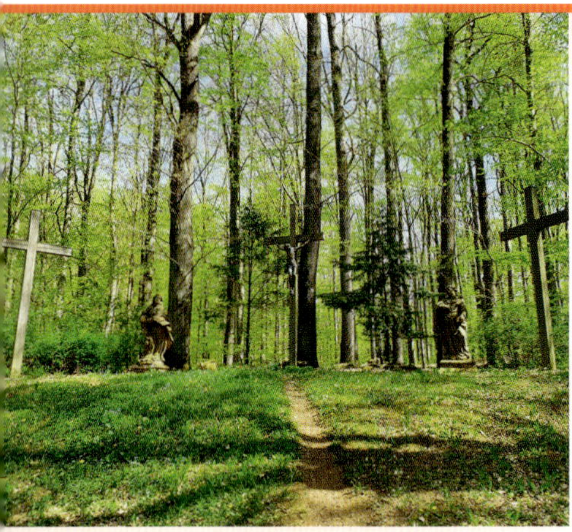

Kreuzigungsgruppe

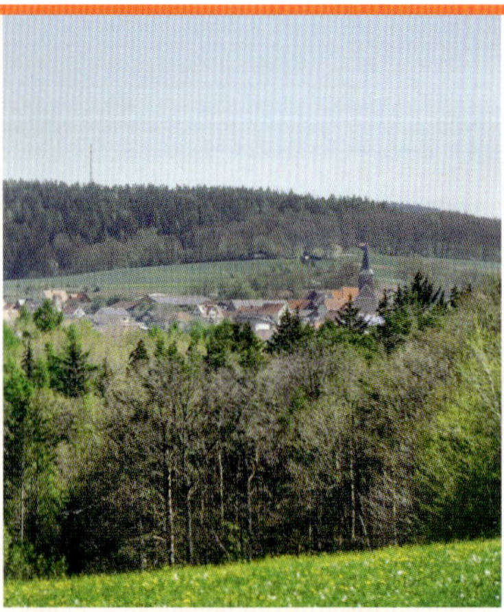

Blick nach Aschach

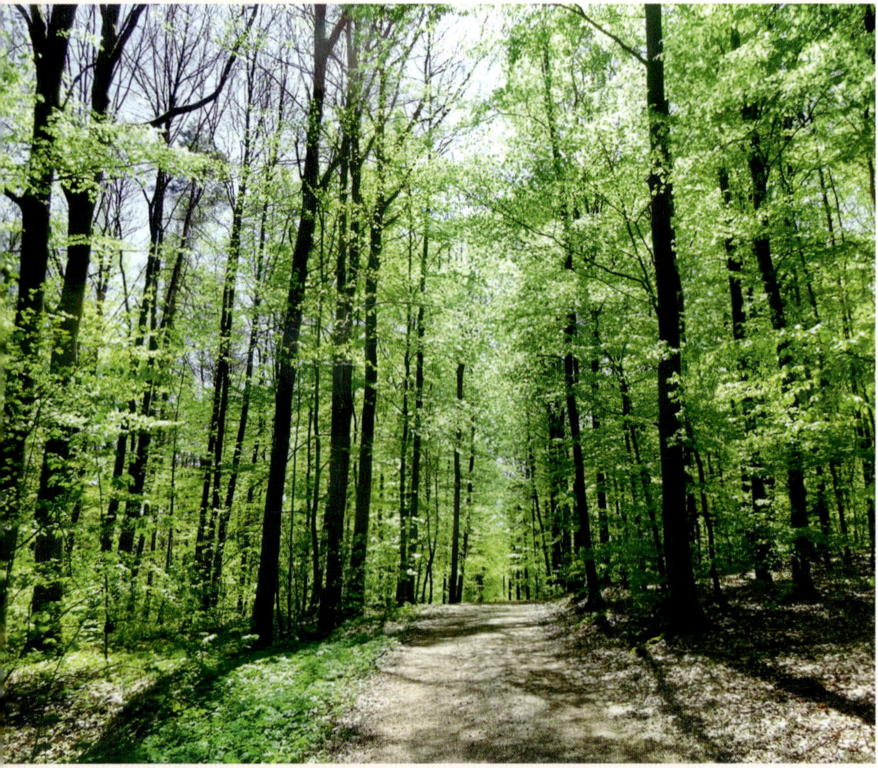

Laubwald auf dem Mariahilfberg

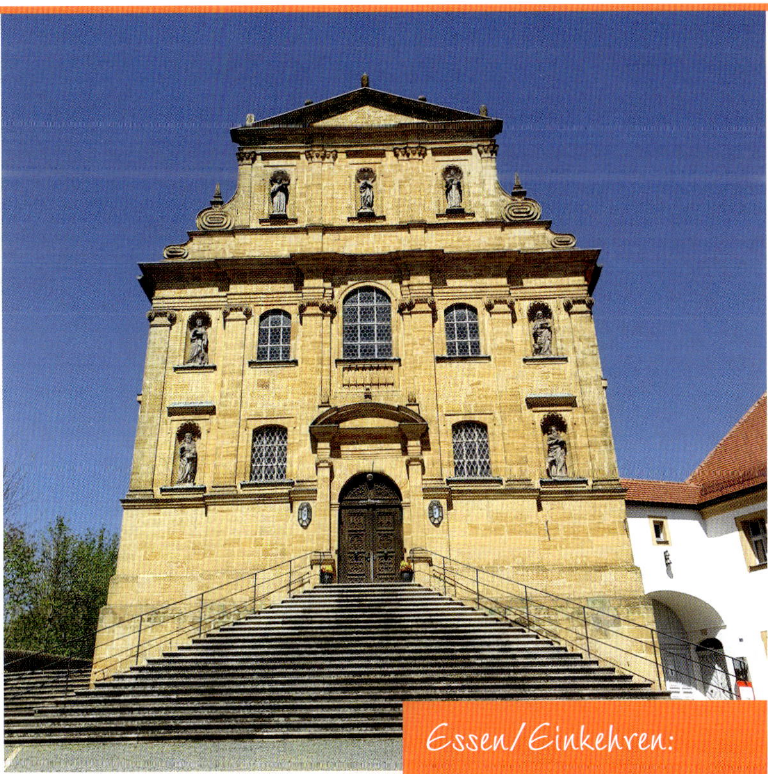

## Wallfahrtskirche auf dem Mariahilfberg

Wer möchte, kann noch die Freitreppe der ab 1697 erbauten Wallfahrtskirche Maria Hilf erklimmen und die Aussicht auf die Stadt Amberg genießen. Doch auch ein Besuch des Kircheninneren lohnt sich, nicht nur wegen der beeindruckenden Asam-Fresken. Das Areal um die Wallfahrtskirche wird alljährlich zum Schauplatz des Wallfahrtsfestes auf dem Mariahilfberg, das immer um Mariä Heimsuchung (02.07.) stattfindet und auf das tragische Pestjahr von 1634 zurückgeht.

## Essen/Einkehren:

**Brauwirtshaus Bruckmüller**
Vilsstraße 2–4
92224 Amberg
Tel. 09621 12147
www.brauwirtshaus.de

**Brauereigaststätte zum Kummert Bräu**
Raigeringerstraße 11
92224 Amberg
Tel. 09621 15259
www.zumkummertbraeu.de

Zahlreiche weitere Einkehrmöglichkeiten finden Sie im Internet unter www.tourismus.amberg.de.

# Durch den Taubenbacher Forst zur Ruine Roßstein

**Mittel**

**12,1 km**

**↓↑ 226 m**

**3½ Std.**

**Palkering – Spieshof – Taubenbach – Ober-/ Unterbernstein – Palkering**

Längere waldreiche Wanderung durch den Taubenbacher Forst mit ein paar kulturhistorischen Punkten.

**Markierung:**
Jakobsweg, Östlicher Albrandweg (roter Strich), Erzweg (rotes Kreuz)

**Parken:**
Wanderparkplatz Palkering (am besten von Rieden aus über die Hirschwalder Straße erreichbar)

**Tourist-Information:**
Rathaus Rieden
Hirschwalder Straße 27
92286 Rieden
Tel. 09624 92020

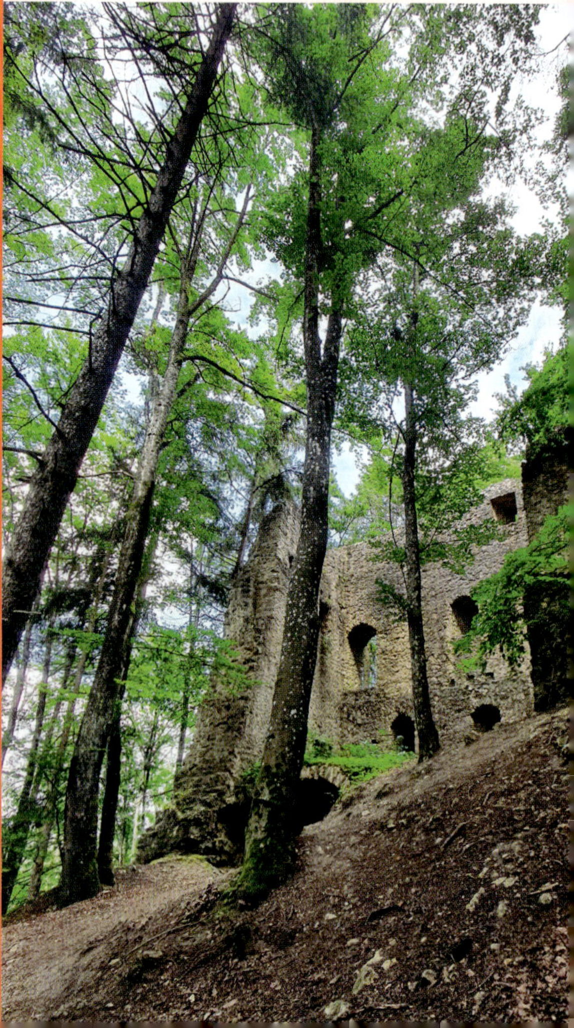

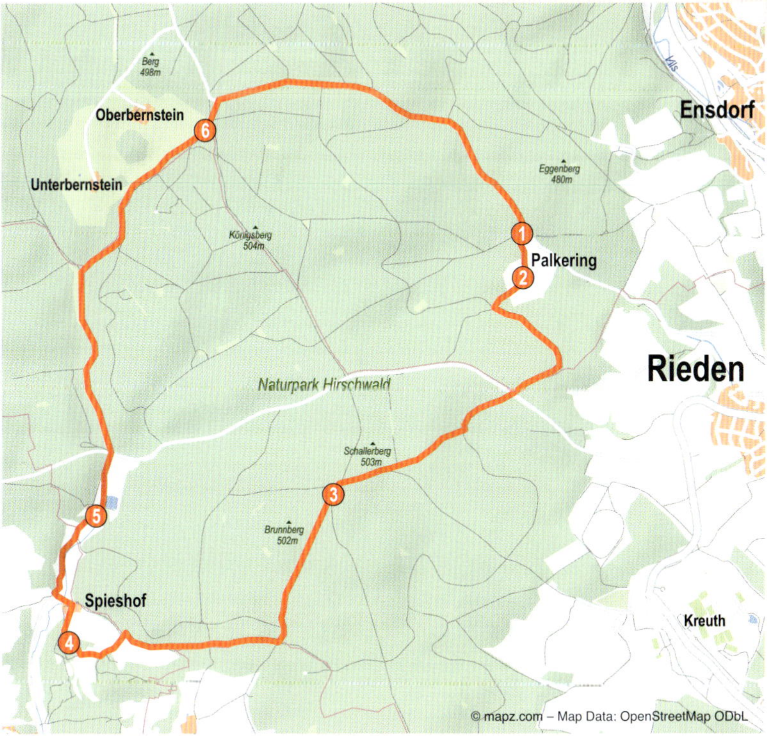


1 Wanderparkplatz Palkering – Start/Ziel
2 Wüstung Palkering
3 Bildstock
4 Ruine Roßstein
5 Forsthaus Taubenbach
6 Oberes Tor Wildschutzzaun

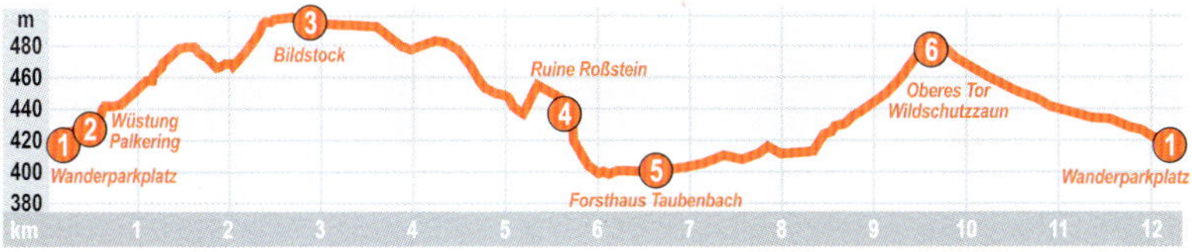

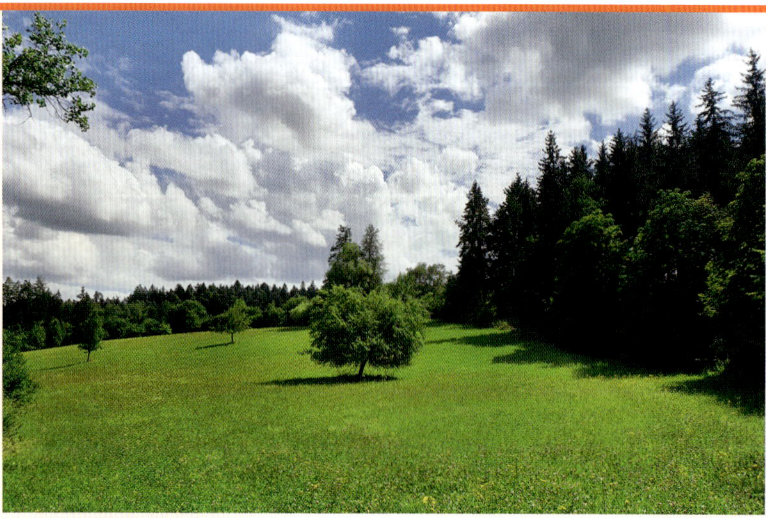

Wiese bei Palkering

Wir starten die Tour am Wanderparkplatz bei Palkering ❶ und wählen den linken Weg entlang der Wiese, der mit der Jakobsmuschel markiert ist. Vorbei an einer strukturreichen Streuobstwiese und einer Feldscheune geht es in den Wald hinein. ❷ Hier befand sich einst die Ortschaft Palkering, die allerdings aufgelassen wurde. An einer Kreuzung wenden wir uns nach links. Leicht bergauf bringt uns die Forststraße immer tiefer in den Wald hinein. Unseren Weg kreuzt eine Teerstraße, die wir geradeaus überqueren. Nun geht es leicht bergab. Bei der Gemarkung Steinerschlag verlässt der Jakobsweg den Forstweg und biegt rechts ab. Es folgt ein grasiger und wurzeliger Pfad, der auf den Schallerberg hinaufführt.

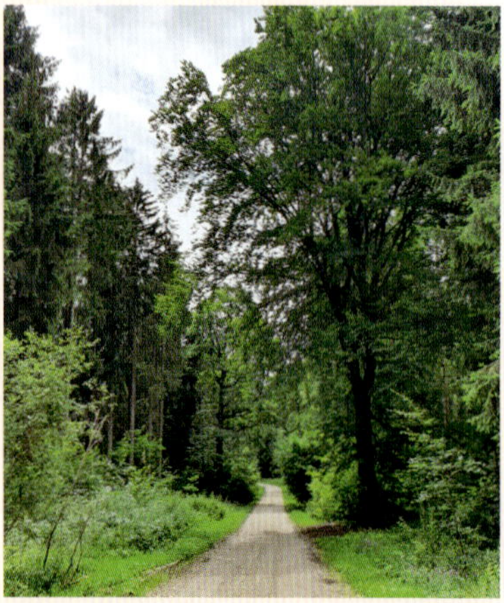

Im Hirschwald

Wir stoßen auf eine Forststraße und biegen rechts ab. Bald folgt ein großes Wegekreuz mit mehreren Abzweigen. Über einer Bank hängt ein Madonnenbild. ❸ Wir wenden uns nach links und bleiben auf dem Forstweg. Beim nächsten Abzweig gehen wir rechts. Die Markierung lotst uns nun bergab. Bei der nächsten Kreuzung gehen wir weiter geradeaus und biegen nach ca. 100 Metern rechts vom Forstweg ab. Über Stock und Stein wandern wir durch einen strukturreichen Wald auf eine Wiese zu. Wir gehen zunächst parallel zum Wiesenrand und biegen dann links ab, um diese auf einem Feldweg zu überqueren, der uns auf eine Anhöhe bringt. Oben biegen wir vor dem Wald rechts ab und wenden uns bald darauf noch mal nach rechts.

Ein Pfad führt uns in den Wald hinein zur Ruine Roßstein. Unvermittelt tauchen die Reste des Gemäuers vor uns auf. ❹ Umgeben von Wällen und Gräben sitzt sie fest gegründet auf ihrem Block aus Jurafels. Die Burg wurde wohl kurz vor 1331 erbaut, möglicherweise gab es Vorgängerbauten. Brände und die Verwendung als Steinbruch führten zum Verfall. Erhalten haben sich hauptsächlich Reste der Hauptburg.

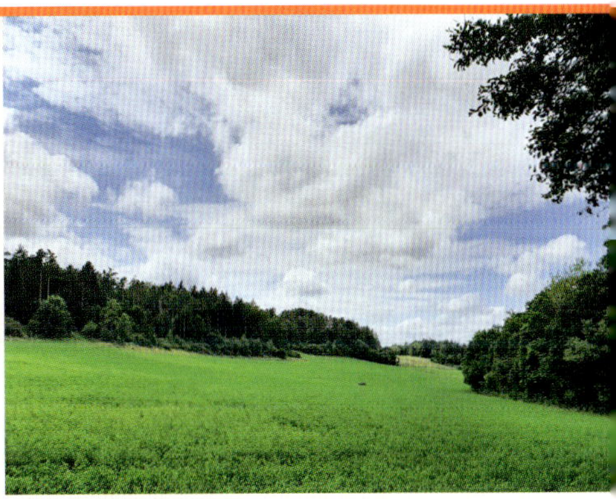

Waldwiese vor Roßstein

Nach der Erkundung der Ruine führt uns unsere Tour hinab nach Spieshof. Wir biegen auf der Dorfstraße nach links ab, überqueren den Taubenbach und wenden uns dann nach rechts. Hier wechseln wir auf die Markierung des Östlichen Albrandwegs (Rot-

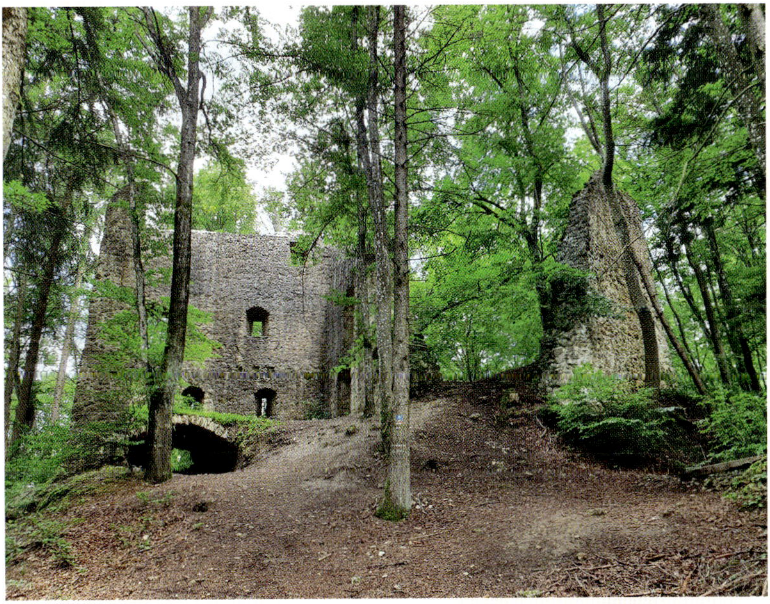

Ruine Roßstein

strich). Wir befinden uns nun im Taubenbachtal, dessen Verlauf wir für etwa 2,3 km folgen. Der Name Taubenbach kommt daher, dass der Bach manchmal kein Wasser führt und „taub" ist. Wir gehen durch Wiesen und Felder am ehemaligen Forsthaus vorbei (Privatbesitz!), 5 überqueren die Teerstraße geradeaus und betreten wieder Wald. Immer weiter gehen wir das bewaldete Taubenbachtal hinauf.

Bei einer Wiese biegen wir nach rechts auf den Erzweg (Markierung Rotkreuz) ab. Der

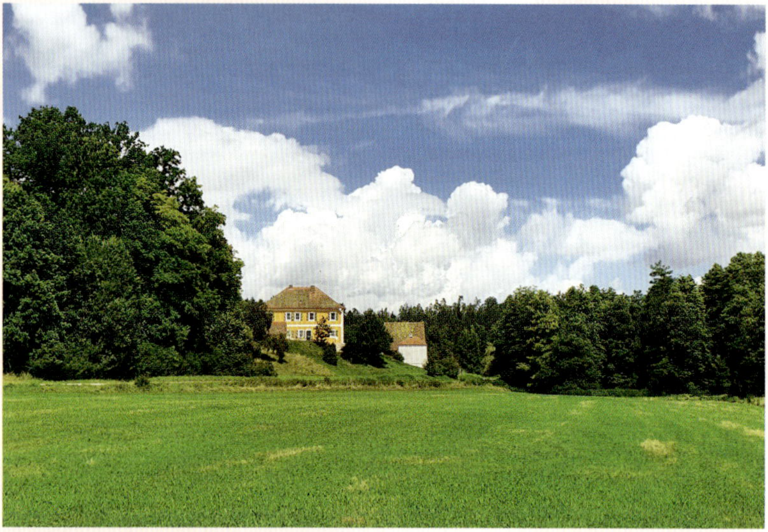

Forsthaus Taubenbach im Taubenbacher Tal

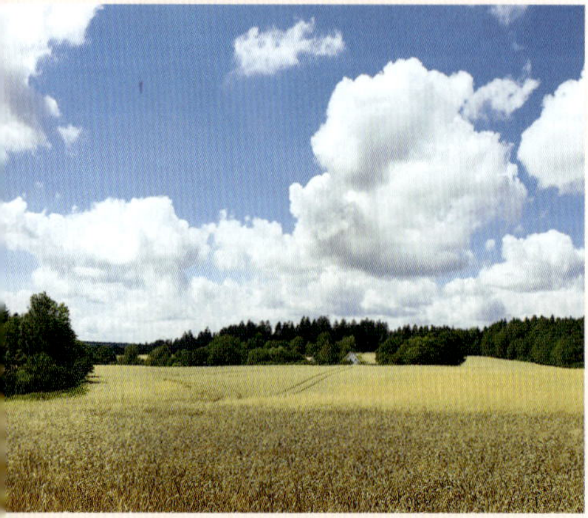

Feldflur von Bernstein

Weg führt uns bergauf, wir wenden uns allerdings beim nächsten Abzweig nach links. Wir wandern direkt auf das Tor des Wildschutzzauns der Feldflur von Ober- und Unterbernstein zu, einer Rodungsinsel im Hirschwald. Nach der Durchquerung müssen wir das Tor unbedingt wieder schließen. Der Zaun soll verhindern, dass Wild auf den Feldern zu Schaden geht. Der Erzweg biegt nach rechts ab und führt uns durch Wald

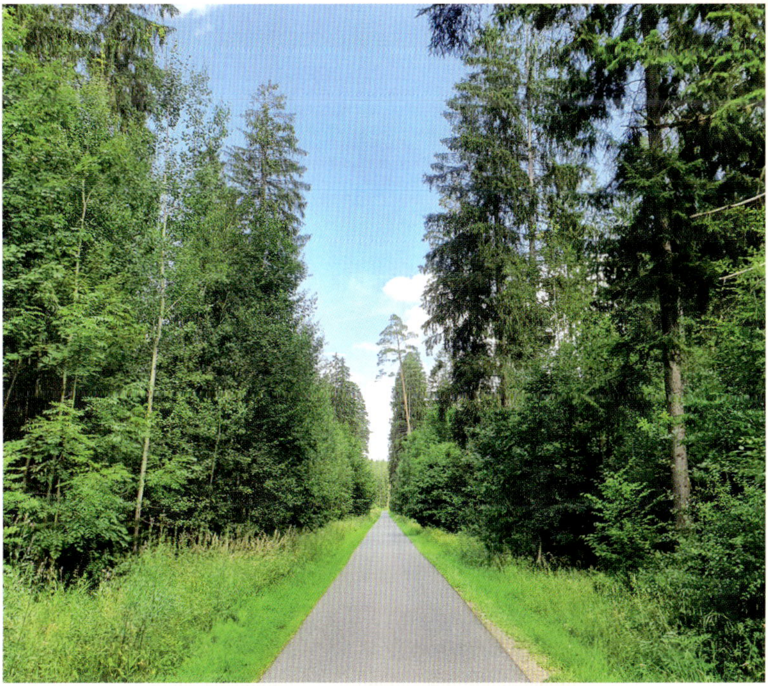

Auf dem Weg zurück nach Palkering

und Feld am Wildzaun entlang durch die Bernsteiner Flur. Bald gelangen wir erneut zu einem Tor, das nach der Passage ebenfalls unbedingt wieder zu schließen ist. 6
Wir wenden uns nach links und verlassen die Erzweg-Markierung, indem wir die rechte Teerstraße Richtung Rieden nehmen. Immer geradeaus auf der verkehrsarmen Gemeindeverbindungsstraße bleibend wandern wir die letzten 2,5 km zurück zum Ausgangspunkt nach Palkering. Hier können wir uns noch im Umfeld der Hütte an der Forststraße die ehemaligen Ziegelkohlenmeiler ansehen, die allerdings sehr eingewachsen sind. Hier wurde während des zweiten Weltkriegs von französischen Kriegsgefangenen Holzkohle für die damals gebräuchlichen Holzvergasermotoren hergestellt.

## Essen/Einkehren:

Keine Einkehrmöglichkeiten in unmittelbarer Nähe der Wander-Route vorhanden, nächste Einkehrmöglichkeiten in Rieden.

# Auf dem Hausener Höhenweg

**Leicht**

**7,7 km**

**↓↑ 160 m**

**2 Std.**

**Hausen – Aicha – Flügelsbuch – Heimhof – Hausen**

Schöne Wanderung mit ein paar Ausblicken.

**Markierung:**
U4

**Parken:**
Parkplatz an der Wallfahrtskirche in Hausen

**Tourist-Information:**
Gemeinde Ursensollen
Rathausstraße 1
92289 Ursensollen
Tel. 09628 92390

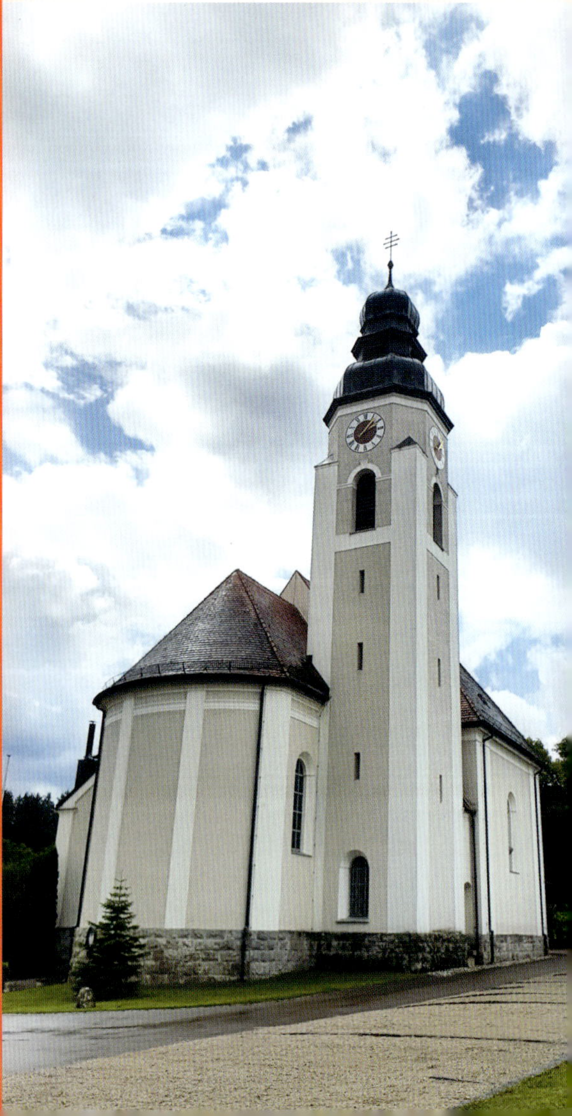

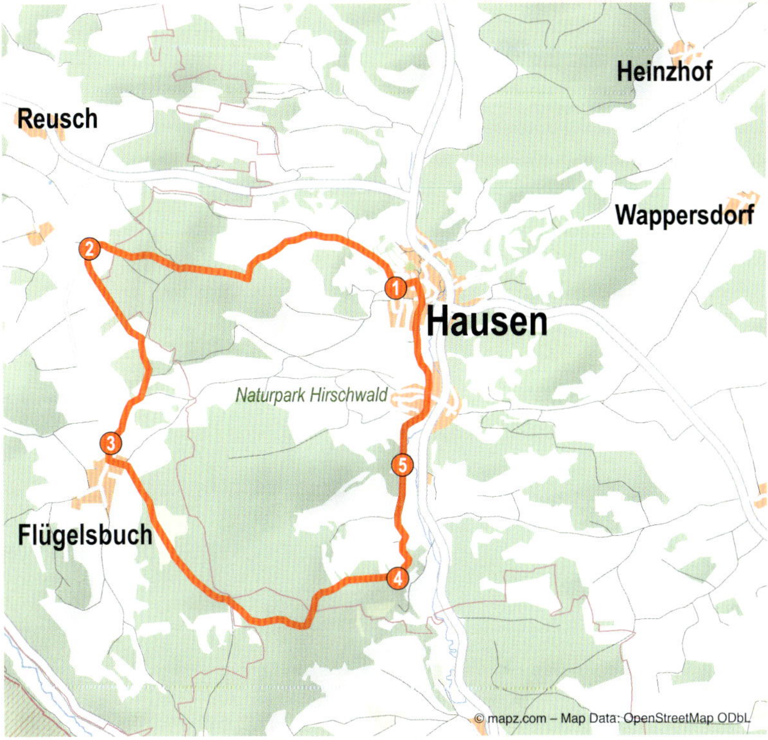


1 Wallfahrtskirche Hausen – Start/Ziel

2 Feldkreuz

3 Trafohäuschen

4 Ausblick Hausener Tal

5 Kläranlage

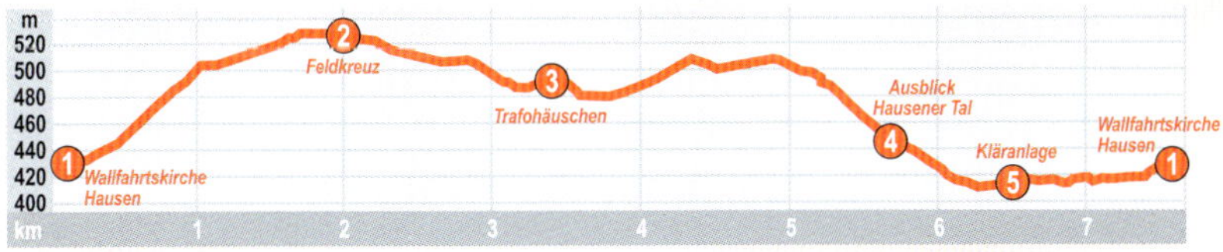

Wir starten unsere Wanderung vom Parkplatz an der Wallfahrtskirche St. Georg in Hausen. ❶ Der neubarocke Kirchenbau stammt von 1914, nachdem die romanische Vorgängerkirche zu klein geworden war. An der Kunstwanderstation des Naturparks Hirschwald gehen wir nach rechts den Feldweg hoch. Durch landwirtschaftlich genutzte Flächen, vorbei an Feldrainen, Heckenstreifen, Obstbäumen und Geräteschuppen führt uns der Weg bergauf, indem wir am ersten Abzweig nach links abbiegen. Von einer Bank aus hat man einen schönen Blick ins Hausener Tal und zur Wallfahrtskirche in Zant.

Wir gehen an der Bank vorbei geradeaus in den Wald und biegen nach ca. 50 Metern nach rechts ab. Wir folgen nun dem Forstweg durch den Wald. Nach einer Rechtskurve kommen wir aus dem Wald heraus und wandern über Felder auf Aicha zu. Vor der Verbindungsstraße verbergen sich unter einem Kirschbaum die Reste eines Feldkreuzes. Hier biegen wir nach links auf den grasigen Feldweg ab. ❷

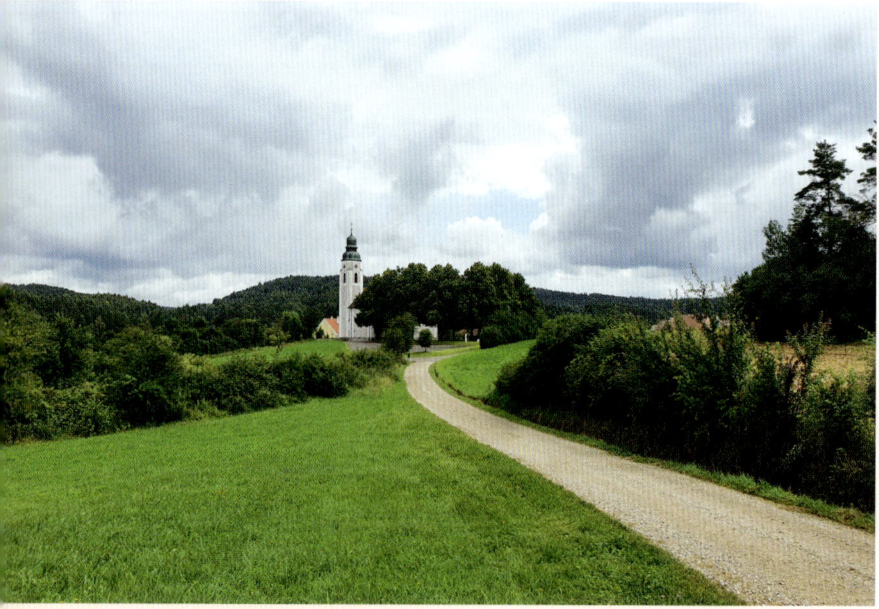

Blick zurück nach Hausen

Nun geht es ein Stück zwischen Feldern hindurch, entlang der Feld-Wald-Kante und durch kleine Feldgehölze. Bei einem Geräteschuppen wenden wir uns nach rechts und kommen zu einer Bank, an der wir uns wie-

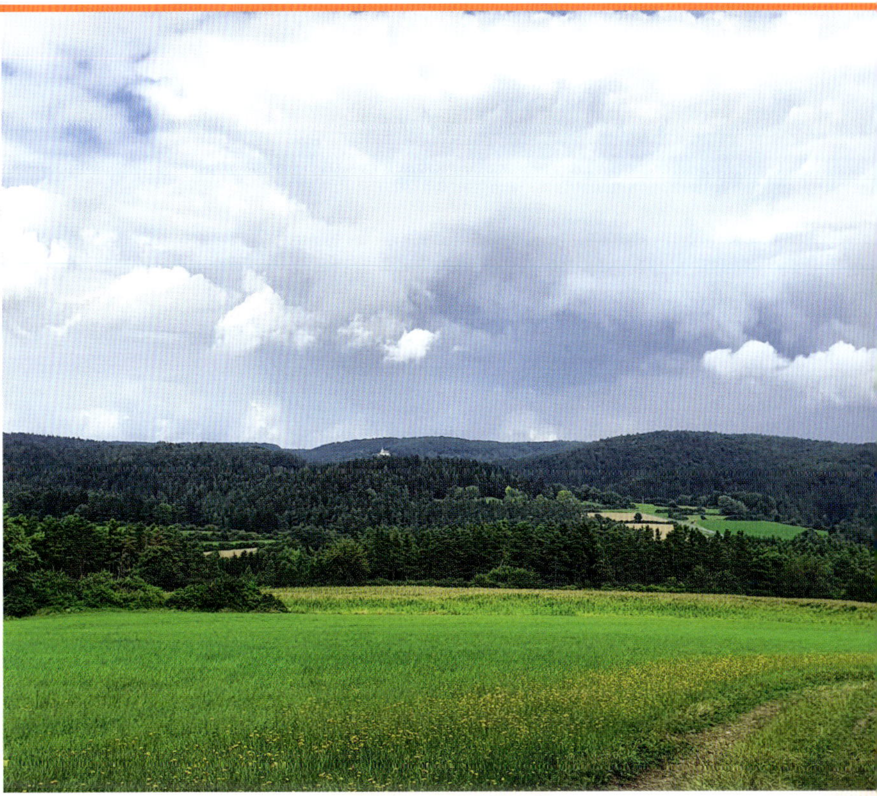

Ausblick ins Hausener Tal nach Zant

der rechts halten. Wir wandern auf Flügelsbuch zu. Beim Trafohäuschen 3 biegen wir links auf die Teerstraße ab und gehen nach dem Ortsschild gleich wieder links leicht bergab. An der Gabelung nehmen wir den rechten Abzweig. Dieser gut ausgebaute Landwirtschaftsweg bringt uns durch Wald und über Felder, bis wir im Wald auf eine Kreuzung stoßen, die wir geradeaus über-

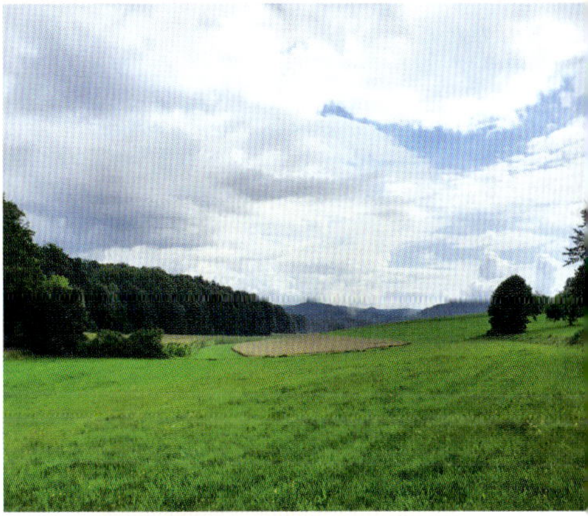

Juralandschaft bei Flügelsbuch

queren. Auf einem Pfad geht es ein kurzes Stück an der Feld-Wald-Kante entlang, anschließend durch einen schönen Mischwald. Die Markierung leitet uns an einer Kreuzung nach links und beim gleich darauf folgenden Abzweig nach rechts. In kleinen Kurven führt uns der Pfad bergab. Wiesen lockern den Wald immer wieder auf. Hier dürfen wir den Abzweig nach links nicht verpassen. Ein Hinweisschild leitet uns zu einem herrlichen Aussichtspunkt ins Hausener Tal. 4

Wir folgen der Markierung ins Hausener Tal hinab. Beim Verlassen des Waldes sehen wir die Burg Heimhof vor uns, auf die wir, vorbei am Klärwerk, 5 zuwandern. Die Burg stammt wohl aus dem 14. Jahrhundert und wurde im 16. Jahrhundert zum Schloss umgebaut. Sie kann nicht besichtigt werden, da sie sich in Privatbesitz befindet. Unterhalb der Burg vorbei geht es schließlich in den Ort Heimhof. Wir überqueren die Straße „An der Schloßleite“ und gehen in die Straße „Am

Ausblick ins Hausener Tal

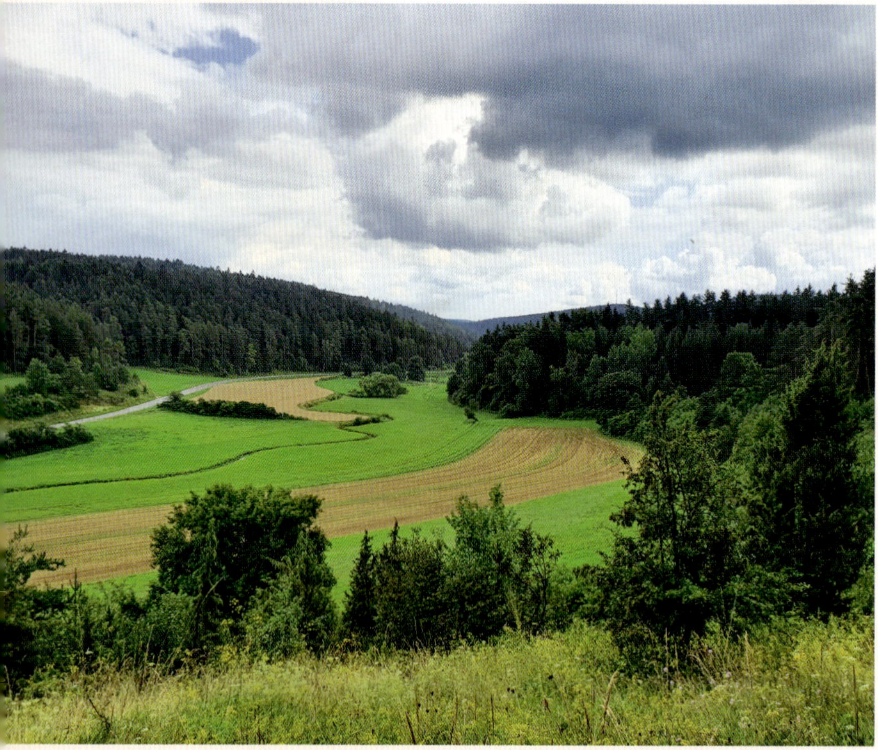

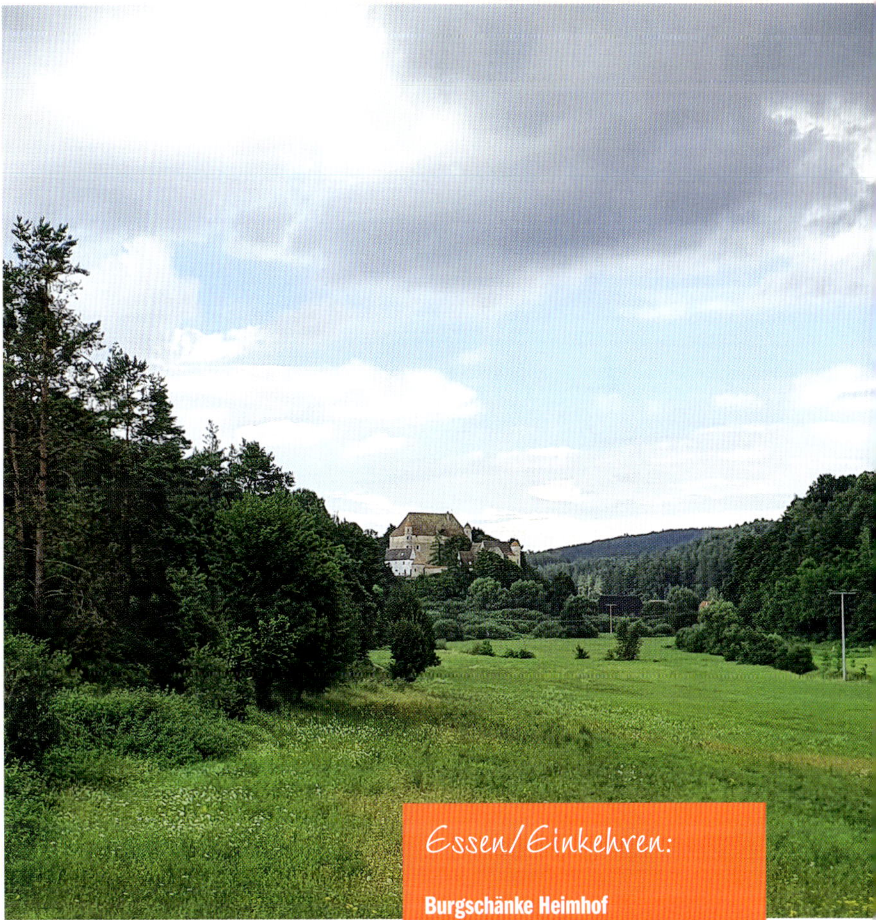

Burg Heimhof

Schmiedeberg". Ein gepflasterter Fußweg bringt uns nach Hausen. Wir wandern die Straße „Zur Wiege" entlang und biegen dann nach links auf die Georgenstraße ab, die uns zurück zur Kirche und damit zum Ausgangspunkt der Tour bringt.

## Essen/Einkehren:

**Burgschänke Heimhof**
Burgpark 4
92289 Ursensollen-Heimhof
Tel. 09628 1563

**Tafernwirtschaft Kopf**
Am Fuchsenbrunnen 8
92289 Ursensollen-Heimhof
Tel. 09628 1522

# Durch das Elsenbachtal zur Ebernburg

Leicht

9,8 km

↓↑ 201 m

2½ Std.

**Wolfsbach – Elsenbachtal – Ebermannsdorf – Hofstetten – Wolfsbach**

Aussichtsreiche Tour durch die Kulturlandschaft zwischen Wolfsbach und Ebermannsdorf.

**Markierung:**
Vilstalwanderweg (blaues Schrägkreuz), Erzweg (rotes Kreuz), E2, WO

**Parken:**
Parkplatz am Gasthaus Schützenheim in Wolfsbach

**Tourist-Information:**
Rathaus Ensdorf
Hauptstraße 4
92266 Ensdorf
Tel. 09624 903330

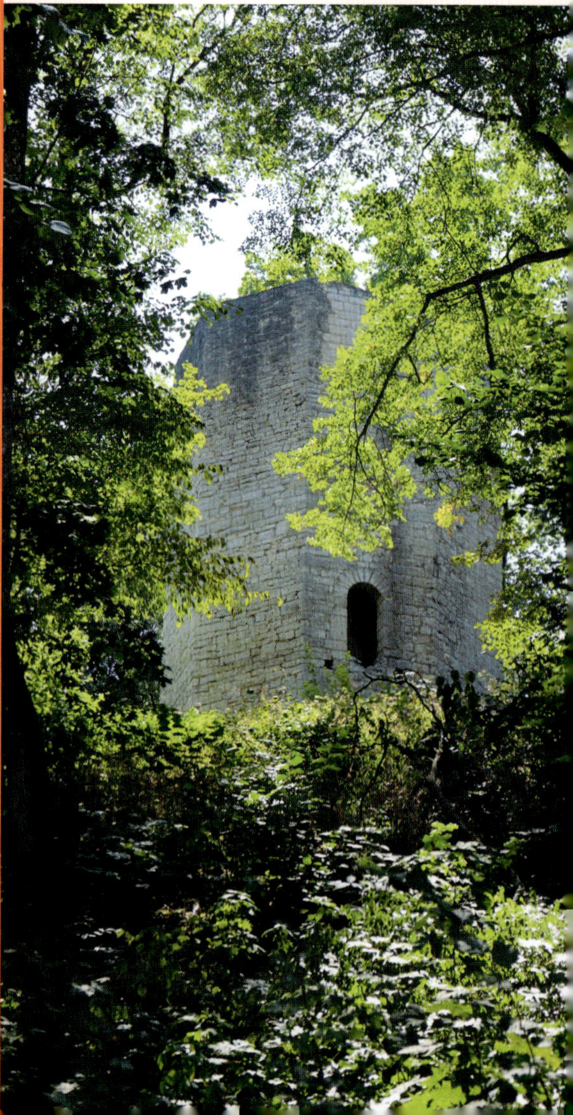

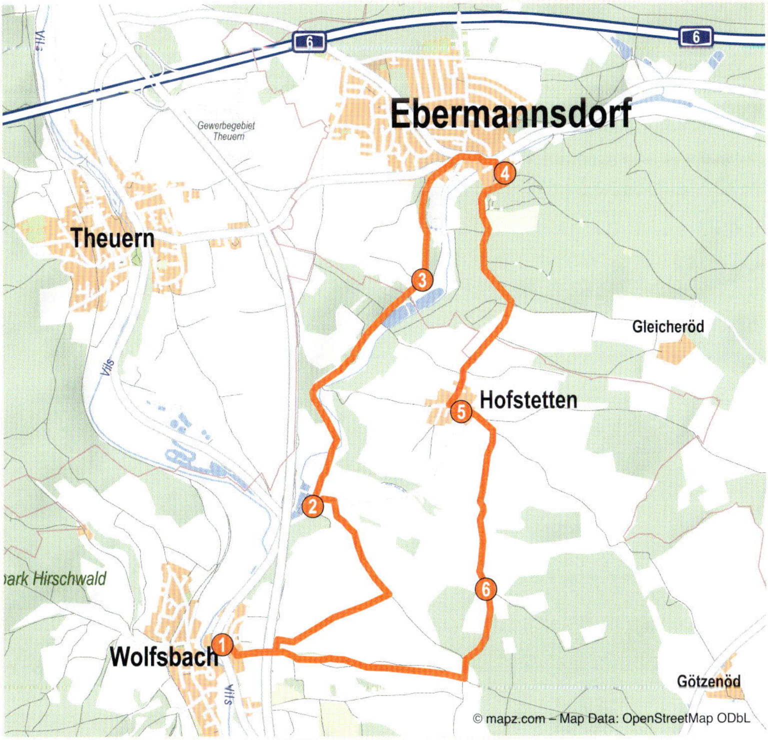


1 Parkpkatz am Gasthaus Schützenheim in Wolfsbach – Start/Ziel

2 Fischzucht

3 Marterl

4 Pfarrkirche St. Johannes

5 Kirche Hofstetten

6 Kapelle

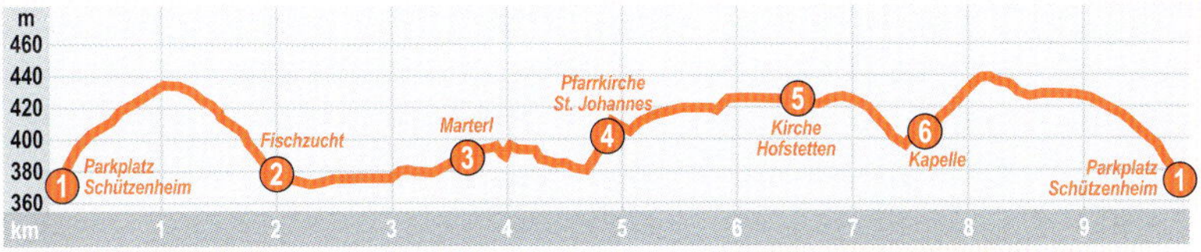

Wir starten unsere Tour in Wolfsbach am Gasthaus Schützenheim, 1 überqueren die Vilstalstraße und gehen mit der Markierung des Vilstalwanderweges (blaues Schrägkreuz) gegenüber in den Hammerbergweg. Wir biegen zunächst rechts ab und folgen der Straße zur Brücke über die Staatsstraße. Nach der Brücke wenden wir uns nach links und stoßen auf einen Schotterweg. Nach einer Rechtskurve führt uns der Feldweg, teilweise begleitet von Heckenreihen, durch die Felder über die Jurahochfläche. Nach links haben wir einen schönen Ausblick auf Amberg. Ehe wir die Hochspannungsleitung unterqueren, biegen wir an der Wegkreuzung nach links ab und wandern in Richtung Elsenbachtal hinab. An der Teerstraße gehen wir links und kommen zu einer Fischzuchtanlage. 2 Auf Höhe des Wohnhauses biegen wir nach rechts auf den Feldweg ein und folgen von nun an der Markierung des Erzwegs (rotes Kreuz).

Vorbei an den Fischteichen öffnet sich vor uns das Elsenbachtal, dem wir im weiteren Verlauf folgen. Der Elsenbach ist ein kleines Rinnsal, dessen Tal irgendwie zu groß für ihn scheint. Unser Weg schlängelt sich durch das Tal, die Hänge sind mit einem schönen

Das Elsenbachtal

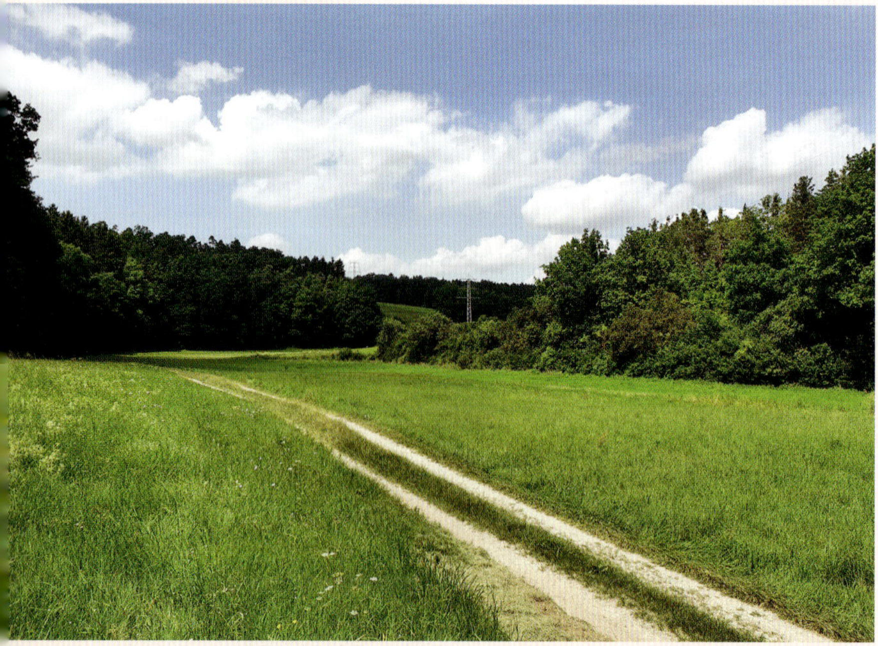

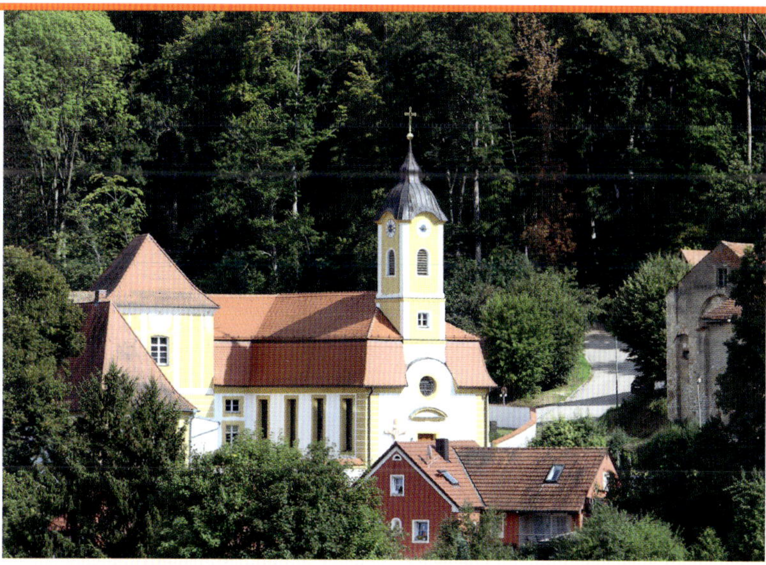

Schloss und Johanneskirche in Ebermannsdorf

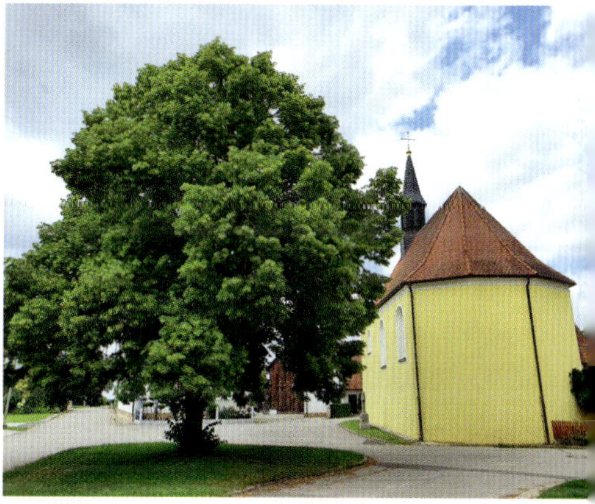

Kirche und Dorflinde von Hofstetten

Mischwald bestanden, im Talgrund überwiegt eine landwirtschaftliche Nutzung mit vielen Hecken und Feldgehölzen. Wir gelangen zu zwei Fischweihern und biegen kurz vor dem Ende des zweiten Teichs und vor (!) einem gemauerten Bildstock mit Bank 3 nach links in den Wald ein. Wir folgen einem schmalen und schattigen Waldpfad oberhalb des Wertstoffhofs und des Klärwerks und erreichen so Ebermannsdorf.

Wir biegen rechts in die Theuerner Straße ein und sehen vor uns am Hang bereits das Schloss mit der Kirche stehen. Der Kirchberg führt uns recht steil am Schloss und an der barocken Schlosskirche St. Johannes 4 vorbei. Im Wald oberhalb kann man den achteckigen Bergfried als Rest der ehemaligen Ebernburg erahnen. Über kleine Waldpfade kann er aus der Nähe betrachtet werden. Der Turm ist 16 m hoch und wurde in der Salierzeit um 1100 errichtet. Unsere Tour führt uns allerdings mit der Markierung E2 nach rechts durch einen schönen Wald mit einem hohen Laubholzanteil. Nach einer

Weile öffnet sich die Feldflur vor uns. Wir halten uns rechts und wandern nach Hofstetten hinein.

An der Kirche und der Dorflinde biegen wir nach links ab und marschieren zum Ortsausgang. 5 Hier folgen wir dann der Markierung WO. Beim Ortsschild gehen wir geradeaus auf den Feldweg zu und nehmen bei den folgenden zwei Gabelungen jeweils den rechten Abzweig. So wandern wir ins sog. Krückental hinab und auf der anderen Seite wieder hoch. An der Gabelung nach einer kleinen Feldkapelle 6 halten wir uns rechts und gelangen so zu einer Ruhebank, neben der ein Votivbild des Hl. Martin hängt. Die Aussicht ins Krückental wird mit der Wallfahrtskirche auf dem Mariahilfberg im Hintergrund gekrönt. Wir wandern rechts an der Bank vorbei und gehen ein kurzes Stück durch den Wald.

Kapelle im Krückental

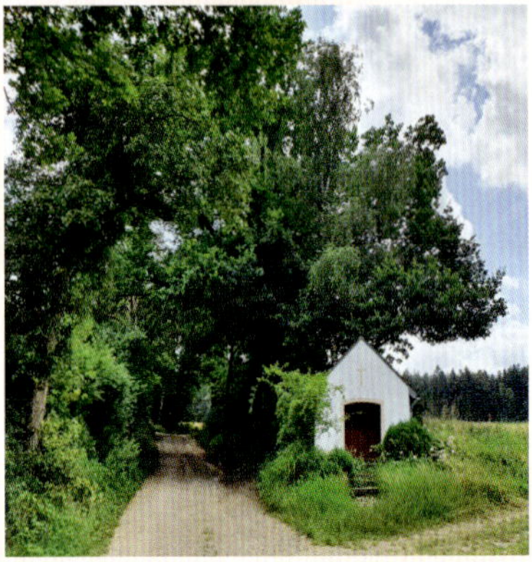

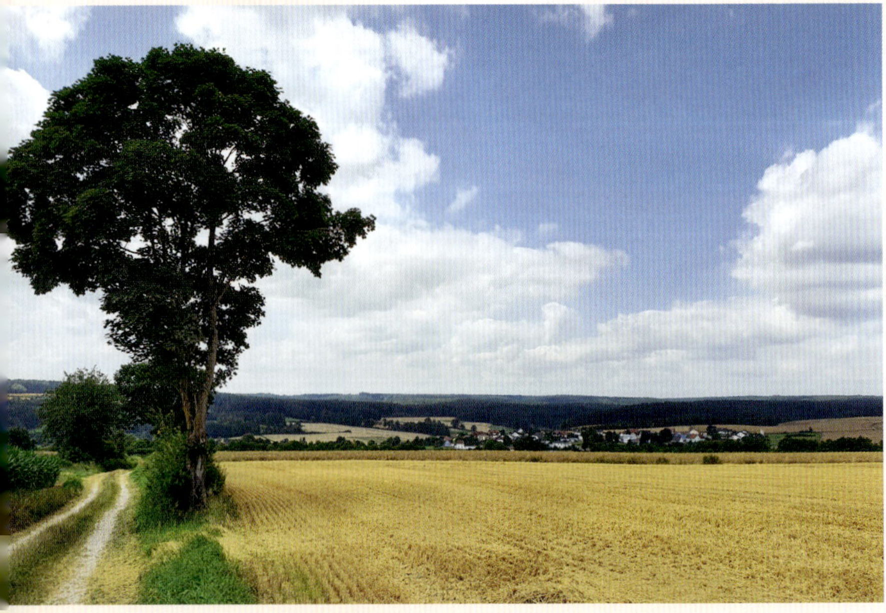

Feldflur bei Wolfsbach

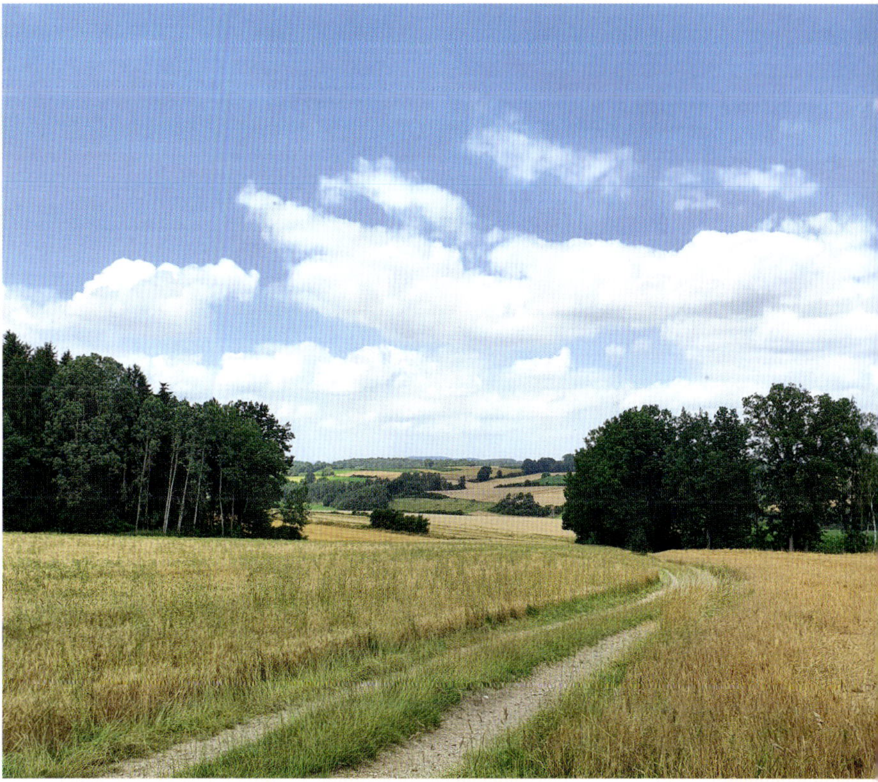

Ausblick ins Krückental

Nach dem Verlassen des Waldes wenden wir uns nach links und vor den Strommasten nach rechts in einen unscheinbaren Feldweg. Vor uns sehen wir schon die Silos des Wolfsbacher Schotterwerkes. Unter den beiden Stromtrassen hindurch wandern wir über die Felder wieder Richtung Wolfsbach.

## Essen/Einkehren:

**Gasthaus Schützenheim**
Waldhausstraße 2
92266 Ensdorf-Wolfsbach
Tel. 09624 9226876

**Erzweg Stubm**
Am Amberger Weg 3
92263 Ebermannsdorf
Tel. 09624 9224524

Mittel

11,5 km

↓↑ 316 m

3 Std.

# Um den Rechenfels

**Kastl – Pfaffenhofen – Kastl – Rechenfels – Kastl**

Aussichtsreiche Rundwanderung um Kastl.

**Markierung:**
Rechenfelsschlaufe am Jurasteig

**Parken:**
Parkplatz bei der Kunstwanderstation an der B299

**Tourist-Information:**
Rathaus Kastl
Marktplatz 1
92280 Kastl
Tel. 09625 92040

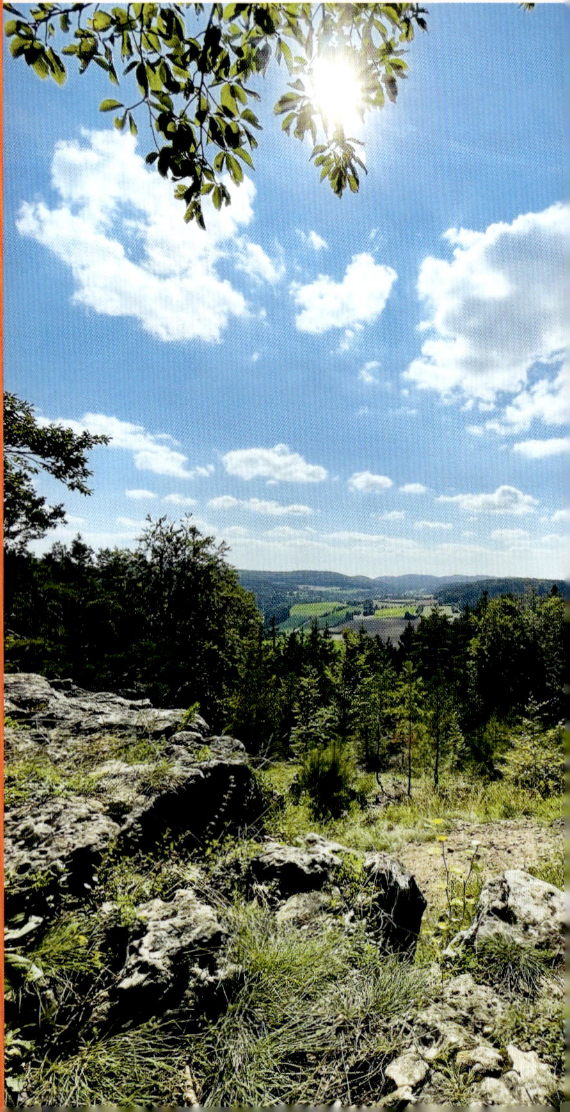

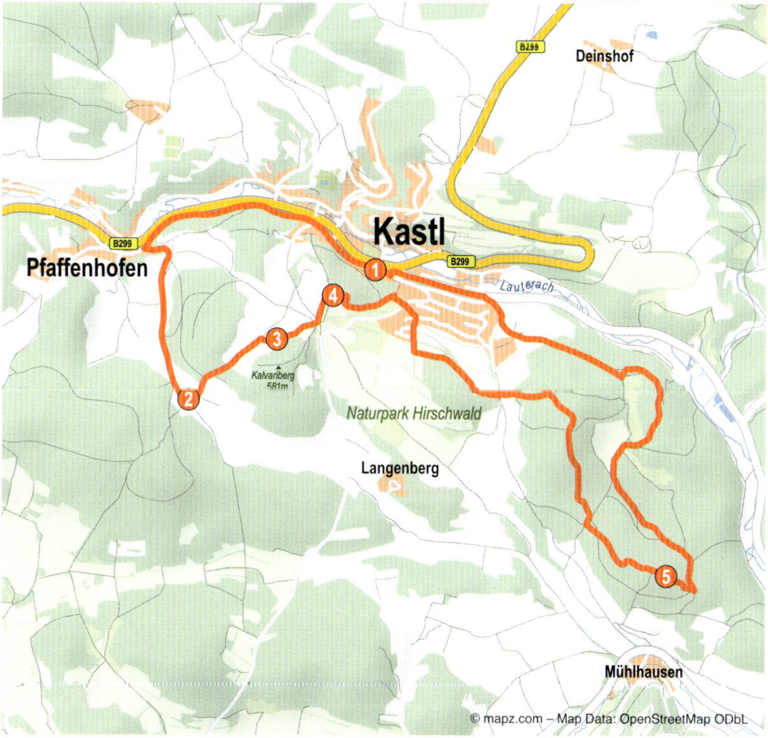


1. Parkplatz bei der Kunstwanderstation – Start/Ziel
2. Feldkreuz
3. Ruhebank unter Linde
4. Kapelle
5. Rechenfels

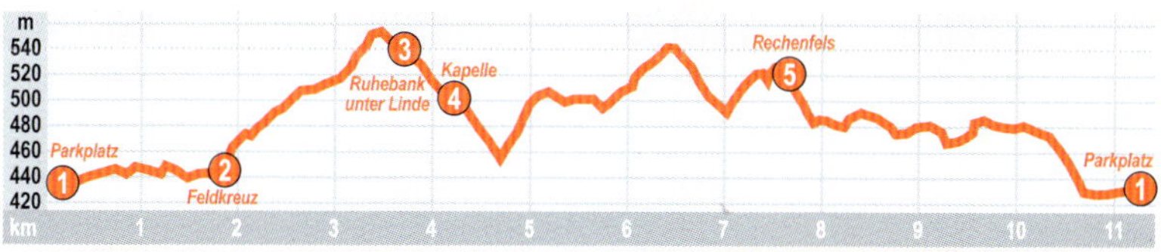

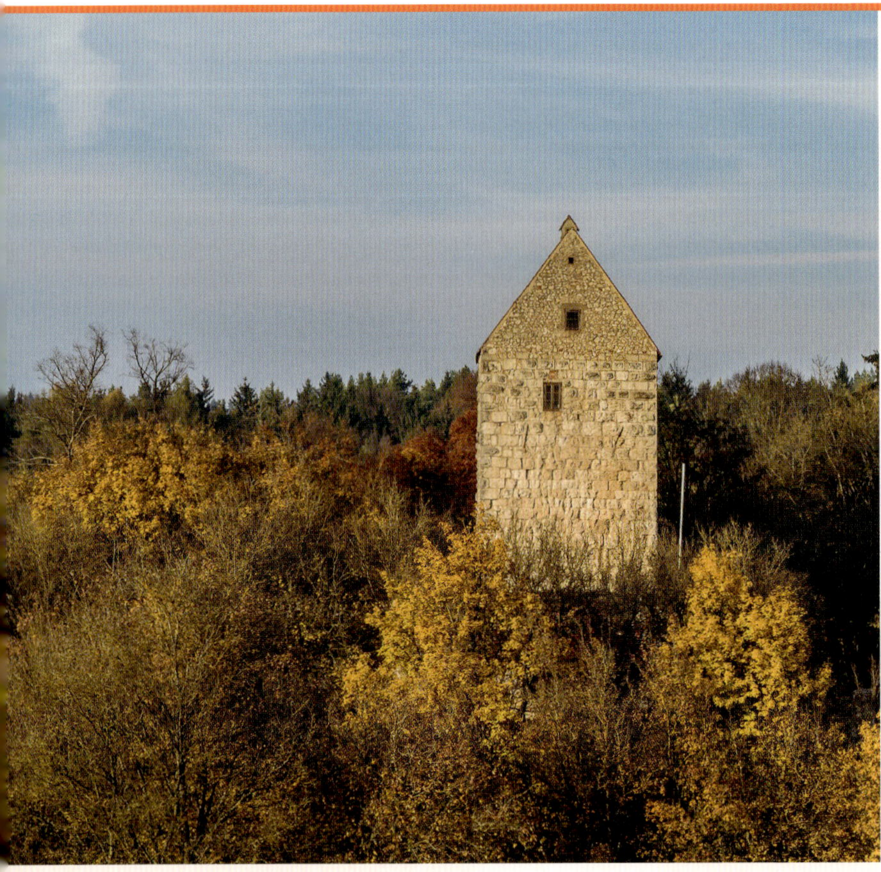

Schweppermannsburg

Wir starten die Tour an der Kunstwanderstation ❶ und marschieren an der Feuerwehr und dem Bauhof vorbei auf der alten Bahntrasse. Zunächst hinter den Häusern der Ortschaft entlang, dann parallel zur Straße geht es nach Pfaffenhofen. Auf Höhe des Ortsschildes biegen wir links in einen Fußweg ab, der uns in die St.-Martin-Straße bringt. Wieder links folgen wir dem Burgweg bergauf.

An der nächsten Gabelung halten wir uns rechts und passieren wenig später rechter Hand eine Scheune und ein Feldkreuz. Wer mag, kann einen Abstecher zur Schweppermannsburg machen, die aber nicht zugänglich ist. Bei den letzten Häusern mündet die Straße in einen Feldweg, der uns ein Stück über Felder und Wiesen führt, geradewegs auf ein Wildgehege zu. Bei der nächsten Kreuzung nehmen wir den mittleren Weg und

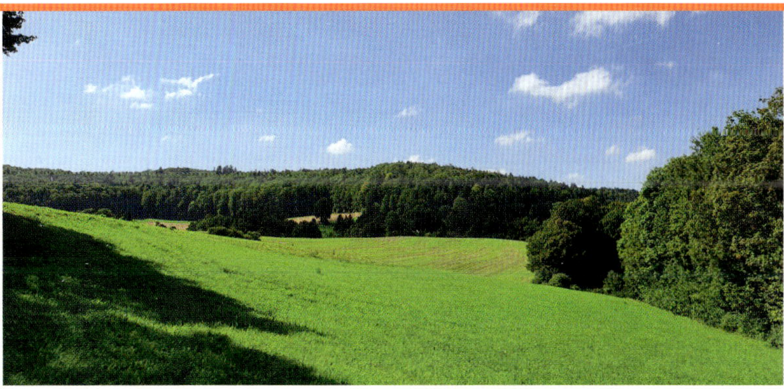

Feldflur bei Pfaffenhofen

wandern an einer Scheune und oberhalb des Geheges vorbei.

Die Tour leitet uns abermals zu einer Weggabelung, an der wir den linken Abzweig nehmen. Wenig später biegen wir bei einem Feldkreuz ❷ nochmals links ab. Wir gehen nun ein kurzes Stück durch den Wald und über Felder zwischen dem Pfarrberg und dem Kalvariberg nach oben. Wenige Gehminuten später folgen wir der Markierung leicht bergab, dürfen an einer Heckenreihe aber nicht den Abzweig nach rechts verpassen. Wir wechseln auf den schmalen Pfad, der an einer Bank unter einer mächtigen Linde ❸ und einem Feldgehölz vorbeiführt und am Fuße eines Kreuzweges endet.

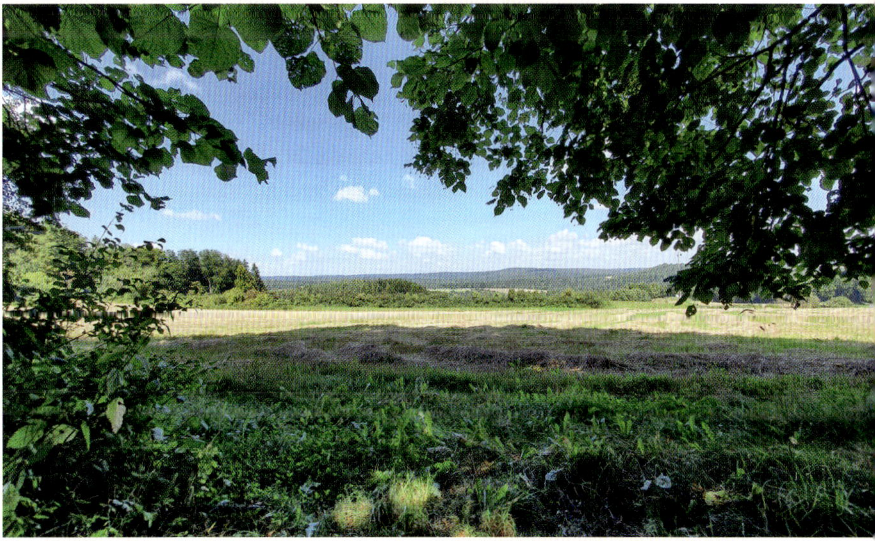

Ausblick von der Bank unter der Linde

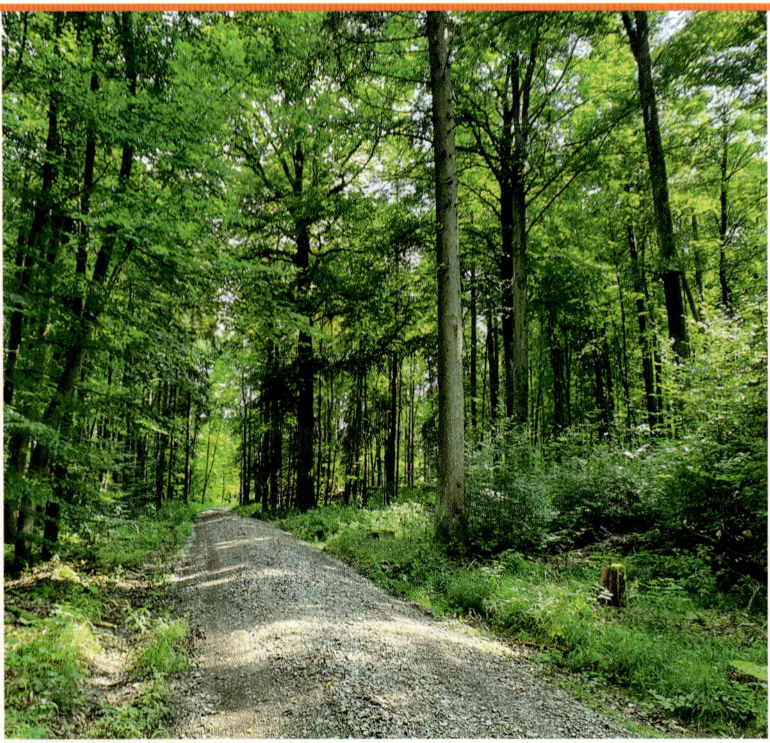

Wald am Enzenberg

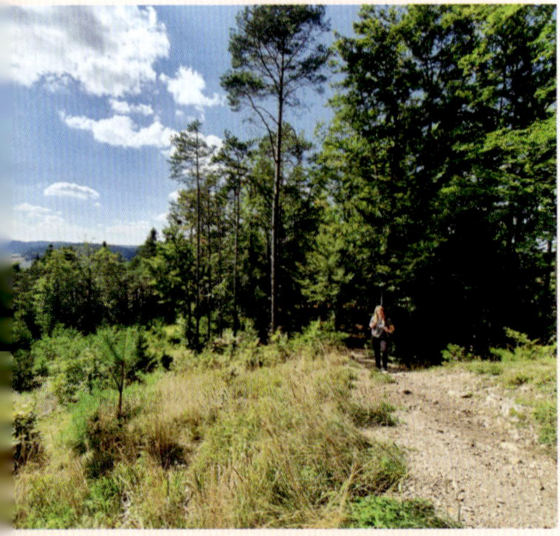

Aufstieg auf den Rechenfels

Wir überqueren die Straße und gehen links am Zaun eines großen Grundstückes entlang. Hinter einer Kapelle 4 geht es geradeaus in den Wald, wo uns ein Pfad um das Anwesen lotst und schließlich nach Kastl hinunterbringt. Oberhalb eines Gartens biegen wir rechts ab und wandern bergauf. Wir passieren die Utzenhofener Straße, laufen die Georg-Reiser-Straße hinauf und biegen rechts in die Johannes-Straße ein, die in einen Feldweg mündet. Auf diesem bleiben wir ein kurzes Stück und folgen der Markierung bald darauf nach links. Es geht den Enzenberg entlang durch einen schattigen Buchenwald.

Wir stoßen auf eine Teerstraße und überqueren diese leicht versetzt geradeaus, um durch den Wald des Kastler Berges zu wandern. Am ersten Abzweig gehen wir geradeaus, nach ca. 250 Metern drehen wir nach rechts ab, wo uns ein leichter Anstieg erwartet. Wir wandern an der nächsten Kreuzung geradeaus weiter. In wenigen Kurven lotst uns das Logo der Rechenfelsschlaufe wieder leicht bergab. Wir treffen auf die Markierung „roter Punkt“ und folgen ihr nach rechts, um sie wenig später wieder zu verlassen, indem wir scharf links abbiegen.

Zwischen Forstkulturen und einem moosbedeckten Fichten- und Kiefernwald befinden wir uns auf der Zielgeraden zum Rechenfels. Nach einem kurzen, steilen und steinigen Aufstieg werden wir oben mit einer grandiosen Aussicht ins Utzenhofener Tal belohnt. Am Horizont können wir die Turmspitze der Wallfahrtskirche auf dem Habsberg erkennen. 5

Ein schmaler Steig führt uns vom Rechenfels in Richtung einer Forststraße hinab, der wir linker Hand folgen. Nach einigen Richtungswechseln wird aus der Forststraße allmäh-

Ausblick vom Rechenfels

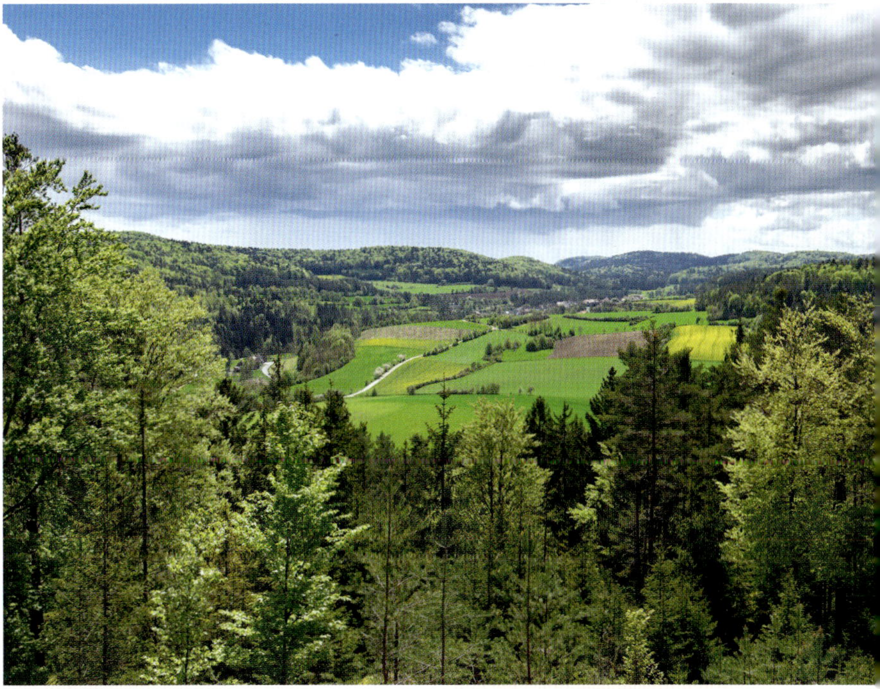

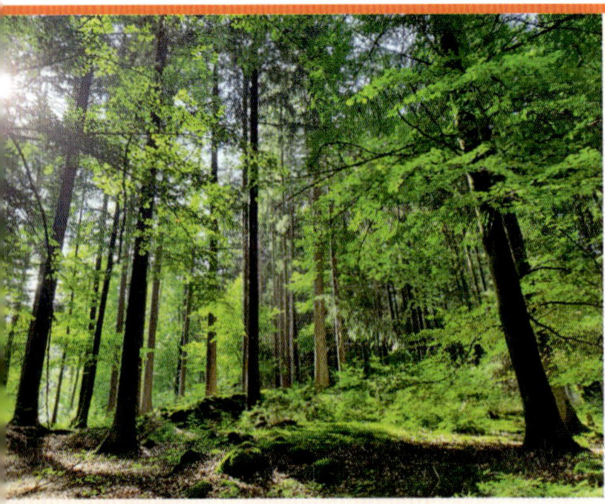

Am Kastler Berg

lich ein Waldpfad, der uns durch einen abwechslungsreichen Wald führt. Kurz vor einer Wiese halten wir uns rechts und gehen am Waldrand entlang. Wir überqueren eine Kreuzung geradeaus und wandern gleich darauf halbrechts in den Wald.

Die Markierung bringt uns nach weiteren Richtungswechseln wieder zu einer Forststraße, auf die wir links abbiegen. Nach etwa 300 Metern wählen wir einen Waldpfad zu unserer Linken, um dann bei der nächsten Forststraße rechts abzubiegen und am Kastler Berg entlangzuwandern. Wenn wir den Wald verlassen, sehen wir bereits die Klosterburg vor uns auftauchen. Über eine heckenreiche und kleinteilige Wiesenlandschaft wandern wir nach Kastl hinab. Nach den ersten Häusern wenden wir uns nach links auf die Staatsstraße und kommen so zum Ausgangspunkt zurück.

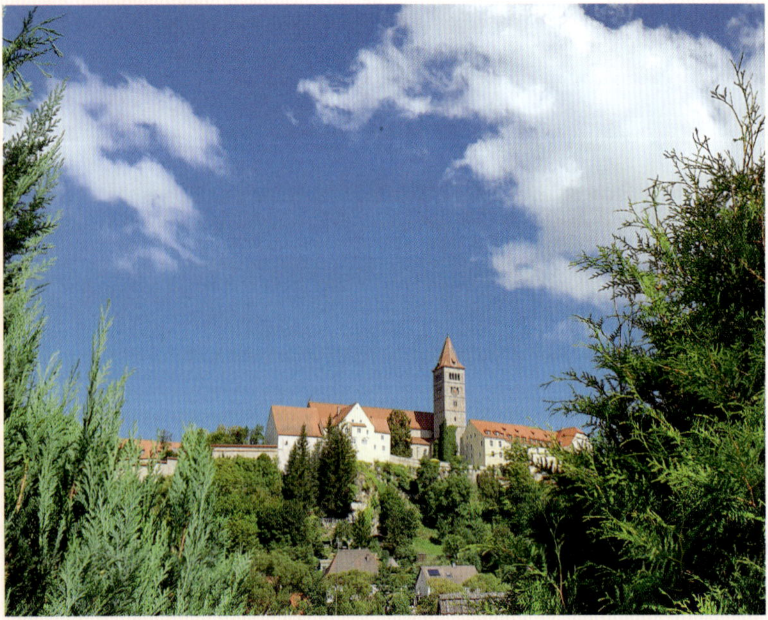

Blick zur Klosterburg

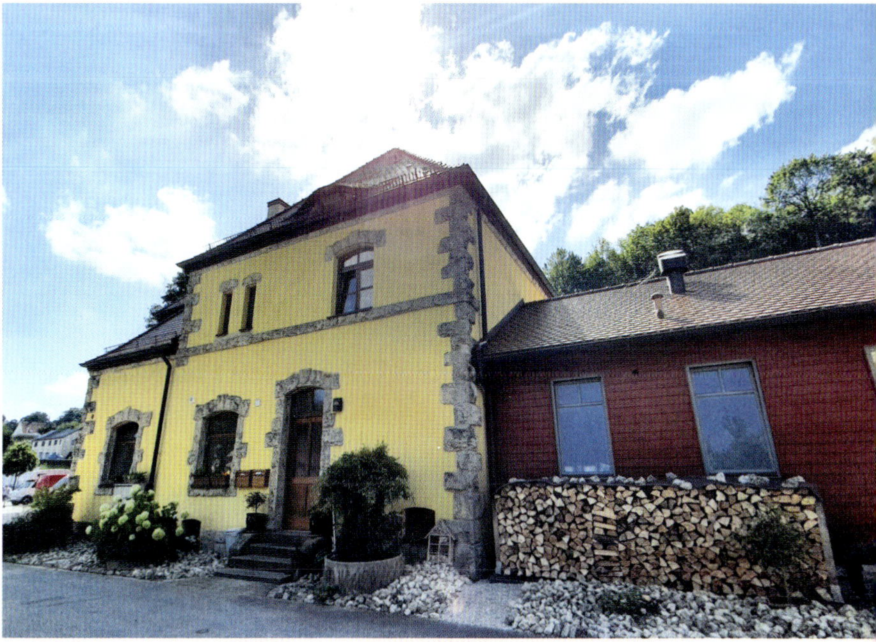

Ehemaliger Bahnhof, heute die Gaststätte Cappuccino-Station

## Essen/Einkehren:

**Land-gut-Hotel-Forsthof**
Amberger Str. 2
92280 Kastl
Tel. 09625 92030
www.hotel-forsthof.de

**Pizzeria Cappuccino-Station**
Amberger Straße 26
92280 Kastl
Tel. 09625 7409036
https://cappuccino-station.business.site

**Gasthof Schwarzer Bär**
Marktplatz 13
92280 Kastl
Tel. 09625 562
www.schwarzer-baer-kastl.de

**Gasthaus zum Schweppermann**
St.-Martin-Str. 11
92280 Kastl-Pfaffenhofen
Tel. 09625 254
www.schweppermann.com

**Mittel**

**10,8 km**

**↓↑ 146 m**

**2½ Std.**

# Rund um Köfering

**Haselmühl – Köfering – Köferinger Tal – Mühltal – Haselmühl**

Wanderung über die Köferinger Heide und durch das Köferinger Tal und Mühltal.

**Markierung:**
K6, Amberger Ringweg (gelber Ring)

**Parken:**
Beim Kindergarten bzw. Feuerwehrhaus in der Köferinger Straße in Haselmühl

**Tourist-Information:**
Rathaus Kümmersbruck
Schulstraße 37
92245 Kümmersbruck
Tel. 09621 7080

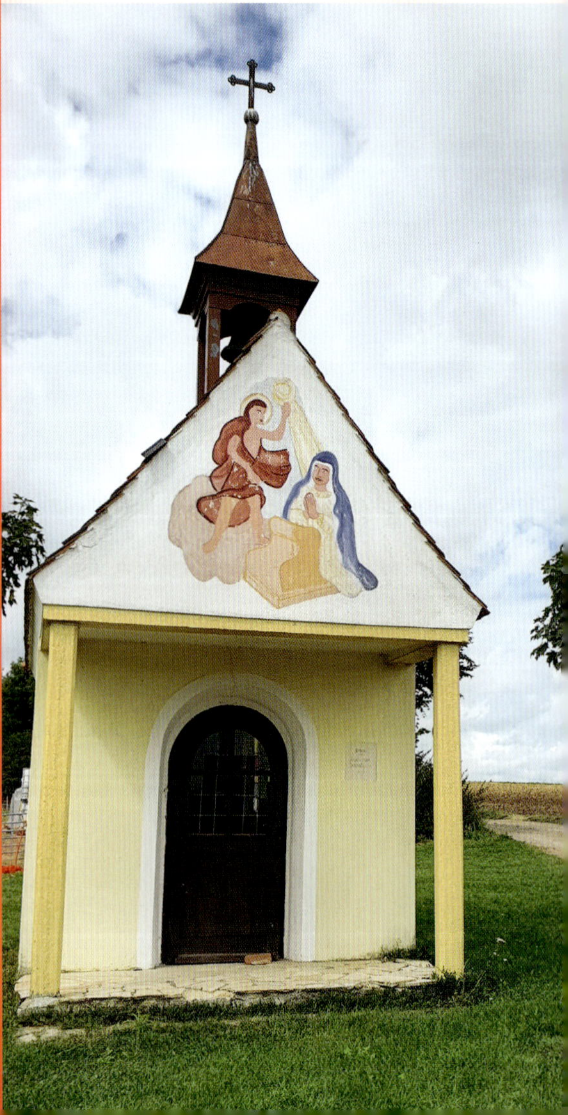

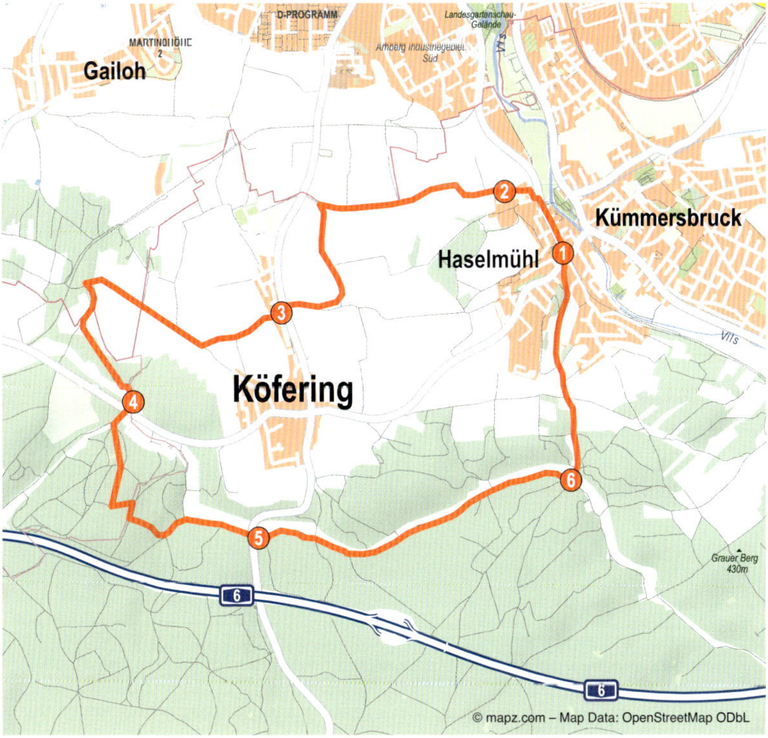


1. Kindergarten bzw. Feuerwehrhaus in der Köferinger Straße in Haselmühl – Start/Ziel
2. Kapelle
3. Köfering
4. Köferinger Tal
5. Waldhausstraße
6. Fuchshübel

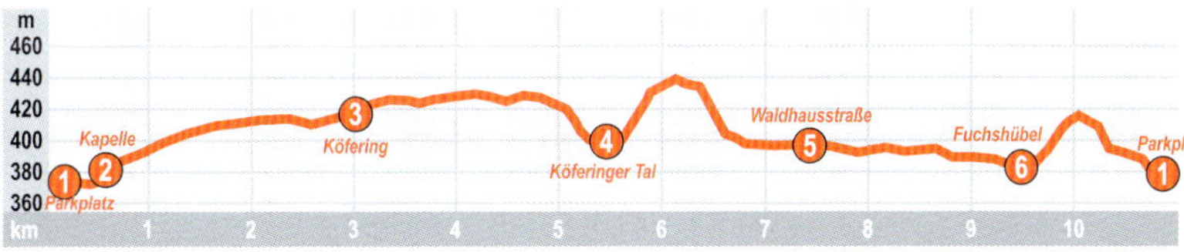

Wir starten die Tour in Haselmühl ❶ und gehen zunächst vom Parkplatz die Köferinger Straße hinunter. Bei der Ampel biegen wir nach links in die Bayernwerkstraße ein und folgen ihr ein kurzes Stück durch das Wohngebiet, ehe wir mit der Markierung K6 links in die Straße Utzhütte abbiegen. Diese führt bergauf und macht zunächst eine Rechts- und dann eine Linkskurve. Wir wandern rechts an einer Kapelle ❷ vorbei und laufen durch eine Agrarlandschaft über die Hochfläche. Wir passieren bald einen einzelnen Bauernhof und später eine freistehende Feldscheune. Nach der Scheune biegen wir im spitzen Winkel nach links ab und unterqueren die Stromleitungen. Bei einer Kreuzung gehen wir geradeaus auf dem Feldweg weiter. In einer kleinen Senke befinden sich zwei Klärteiche, hier macht der Weg eine Rechtskurve und bringt uns nach Köfering. ❸

Wir überqueren die Waldhausstraße und biegen leicht links versetzt in die Straße „Im Einweg“ ein. Die Straße wird bald zu einem Feldweg, der uns wieder über Felder führt. Bei einer Feldscheune biegen wir rechts ab. Nun wandern wir über die sog. Köferinger Heide, die allerdings stark landwirtschaftlich geprägt ist. Wir kommen in ein kleines Waldstück, in dem wir gleich links auf ein kleines

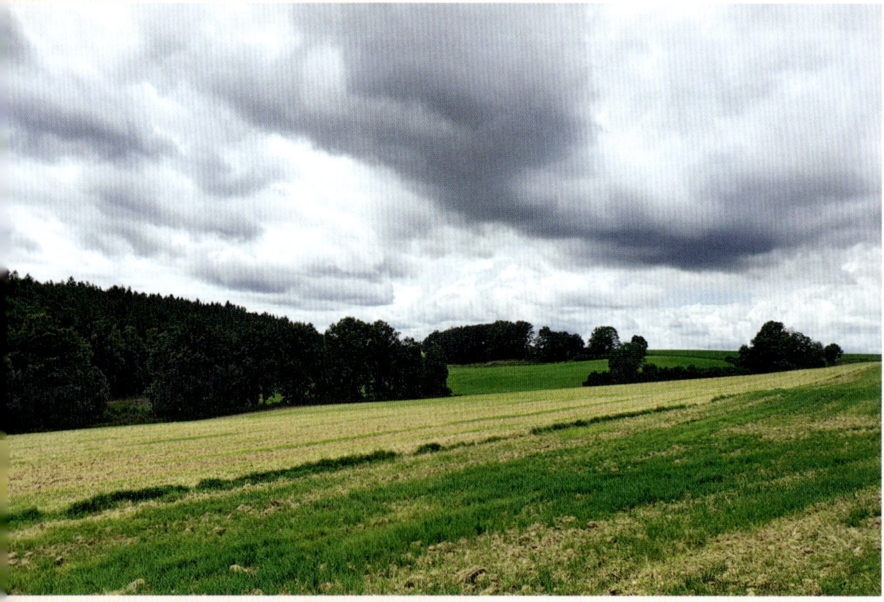

Feldflur oberhalb von Kümmersbruck

Teersträßchen abbiegen. Wir verlassen den Wald wieder und biegen nach einer Gruppe Eichen erneut links ab, um wieder in den Wald zu gelangen.

Ein schmaler Waldpfad schlängelt sich hinunter ins Köferinger Tal. 4 An einem Feld wenden wir uns nach links. Ein Landwirtschaftsweg leitet uns geradeaus über die Kreisstraße AS27. Kurz vor dem Wald biegen wir links ab. Ein ausgetretener Steig führt uns durch einen klassischen Kiefern- und Fichtenforst nach oben. Der Waldboden ist flächig mit Heidelbeersträuchern bewachsen. Auf der Anhöhe treffen wir auf eine Kreuzung, an der wir uns nach links wenden. Gleich darauf lotst uns die Markierung K6 nach rechts und dann wieder links. Ein grasiger Weg führt uns bergab. Wir treffen auf eine Schotterstraße und biegen links ab. Hier verlassen wir die Markierung K6 und folgen dem Amberger Ringweg (Gelbring)

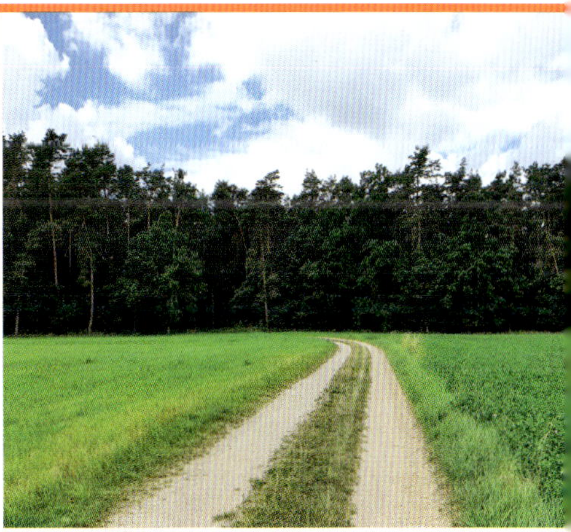

Auf der Köferinger Heide

Kiefernforst bei Köfering

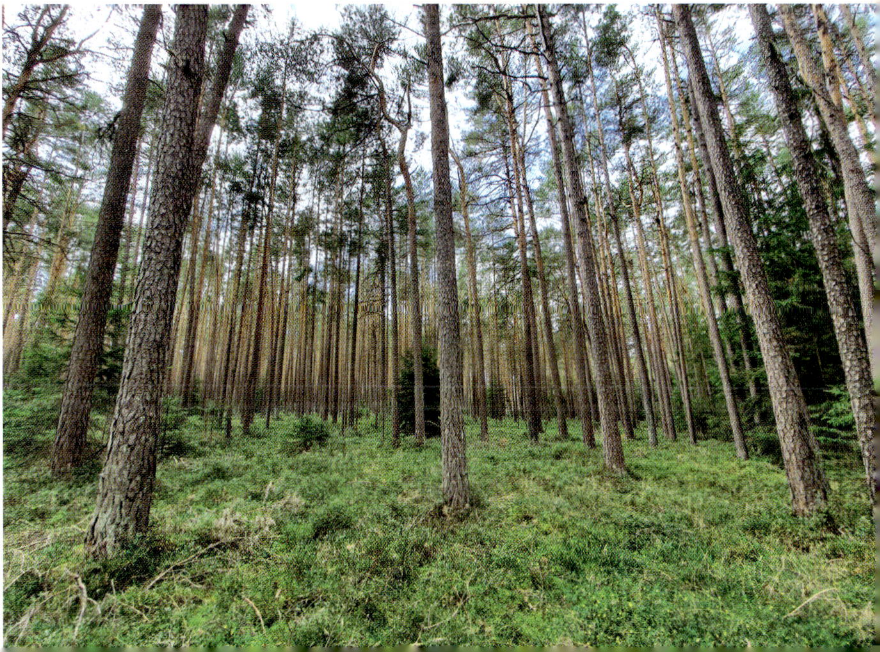

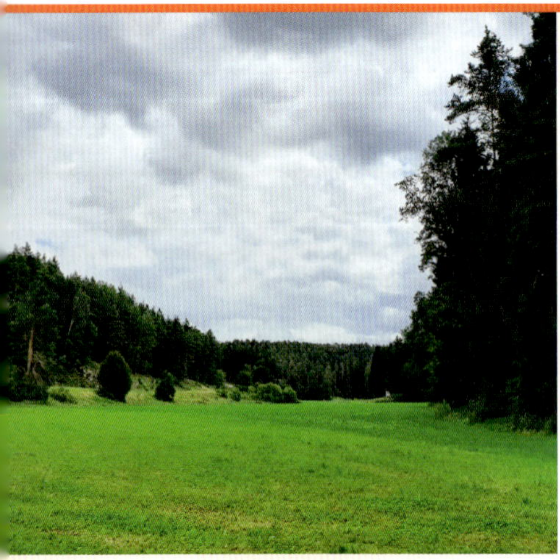

durch das Köferinger Tal und das Mühltal. Wir sind nun wieder im Köferinger Tal angekommen, durch das wir auf der Forststraße gehen. Wie auch das Mühltal, dem wir nach der Überquerung der Waldhausstraße 5 folgen, wurde es von der Ur-Vils angelegt. Im Mühltal führt uns ein Grasweg parallel am Wald entlang. Wir überqueren eine Kreuzung geradeaus und bleiben im Talgrund. Mal auf Gras, mal auf Schotter geht es am weiten Talbogen entlang.

Blick ins Köferinger Tal

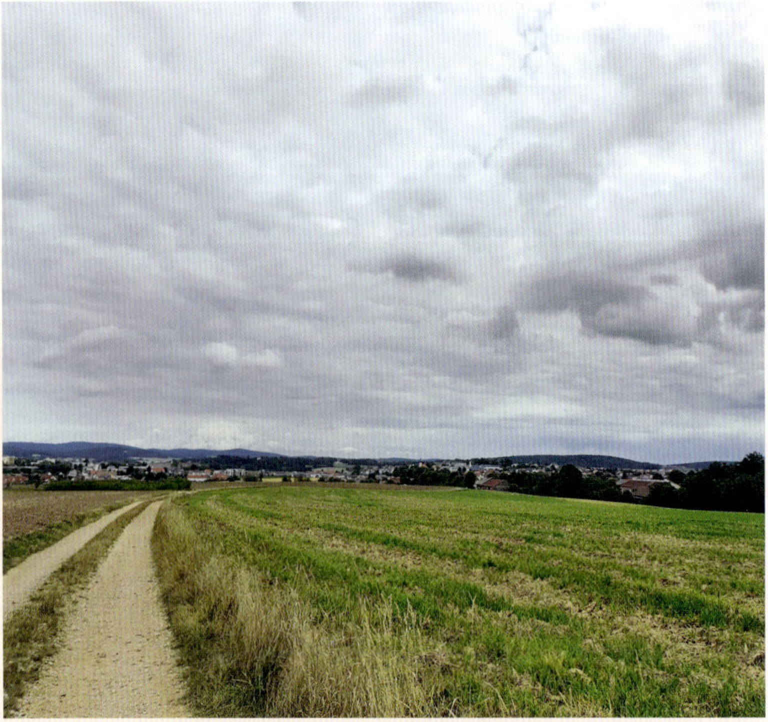

Blick nach Kümmersbruck

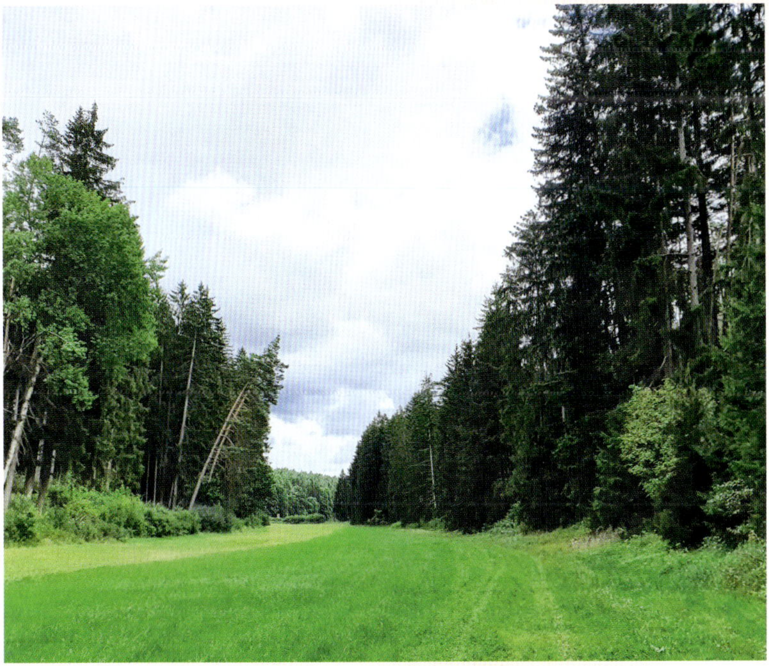

Im Mühltal

Nach einiger Zeit stoßen wir beim sog. Fuchshübel 6 erneut auf eine Schotterstraße und biegen nach links ab. Wir verlassen die Markierung Gelbring und folgen wieder dem Wanderweg K6. Ein Feldweg zwischen Wald und Wiesen führt uns bergauf aus dem Mühltal heraus. Oben angekommen überqueren wir eine Wegkreuzung geradeaus. Vor uns sehen wir die Werkshallen der Firma Grammer. Durch Felder und Wiesen geht es hinab nach Haselmühl. Bald erreichen wir die ersten Häuser der Ortschaft. Über den Wiesentalweg kommen wir wieder zurück zur Köferinger Straße.

## Essen/Einkehren:

**Hotel-Gasthof „Zur blauen Traube“**
Kirchensteig 2
92245 Kümmersbruck-Haselmühl
Tel. 09621 650250
www.zurblauentraube.com

**Hotel-Gasthof Zur Post**
Vilstalstraße 82
92245 Kümmersbruck
Tel. 09621 7886464
www.hotel-zur-post-kuemmersbruck.de

**Leicht**

**8,3 km**

**↓↑ 178 m**

**2½ Std.**

**Allersburg – Malsbach – Allersburg**

Schöne Rundwanderung mit mediterraner Note.

**Markierung:**
Jurasteig

**Parken:**
Parkplatz an der Kirche in Allersburg

**Tourist-Information:**
Rathaus Hohenburg
Marktplatz 19
92277 Hohenburg
Tel. 09626 92110

# Durch das Hausener Tal und Lauterachtal bei Allersburg

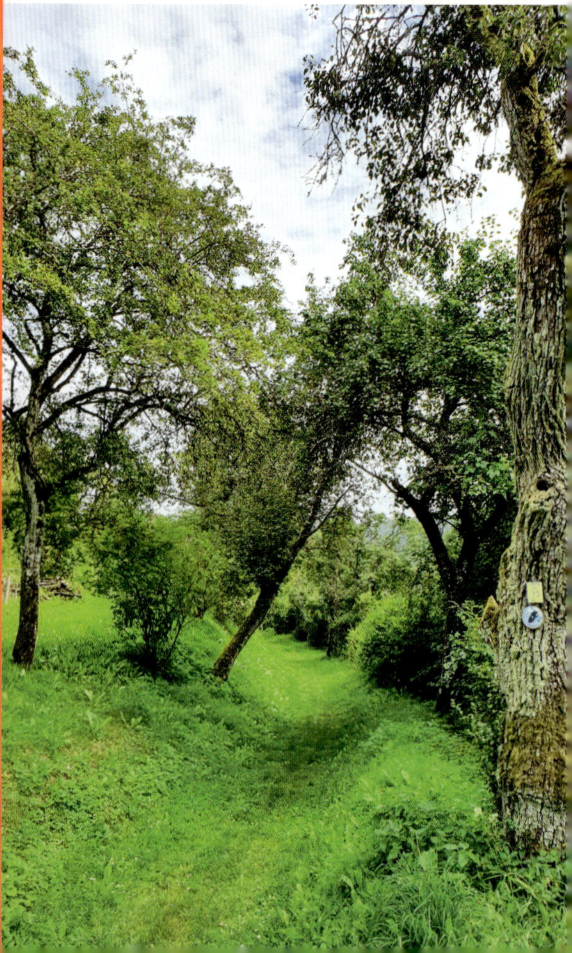

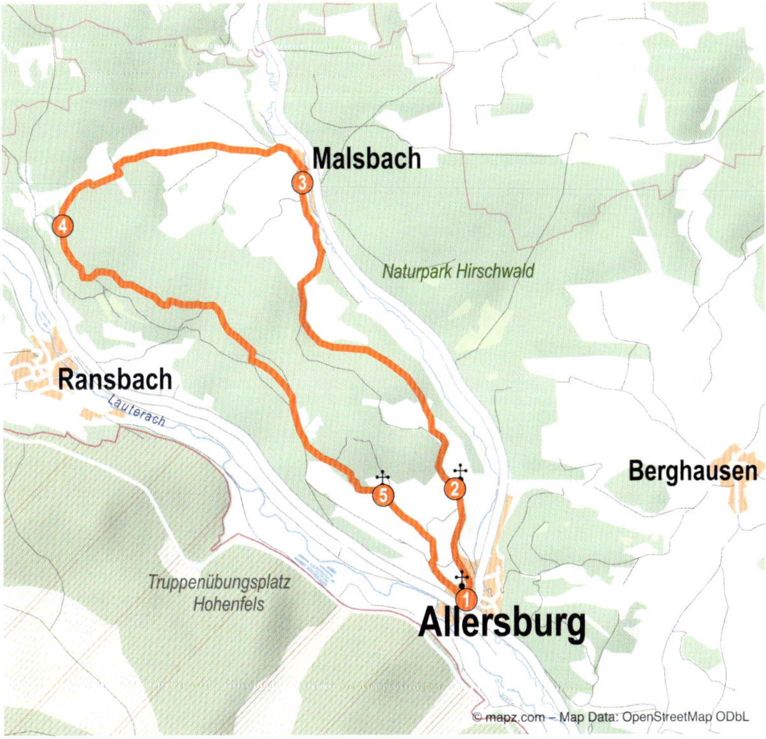


1. Parkplatz an der Kirche in Allersburg – Start/Ziel
2. Scheune / Feldkreuz
3. Dorfkapelle Malsbach
4. Anknüpfung Jurasteig
5. Hörstation Weinberg

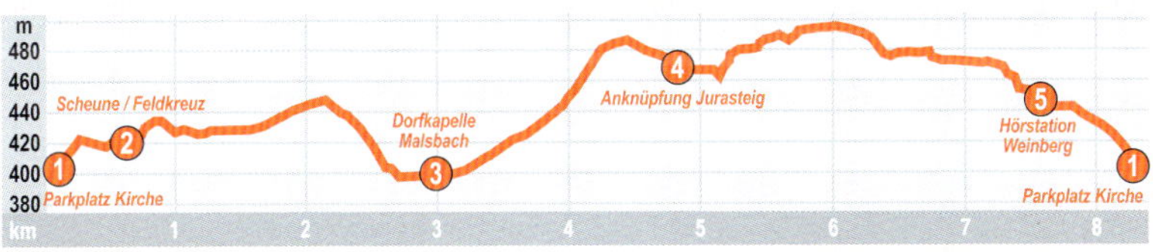

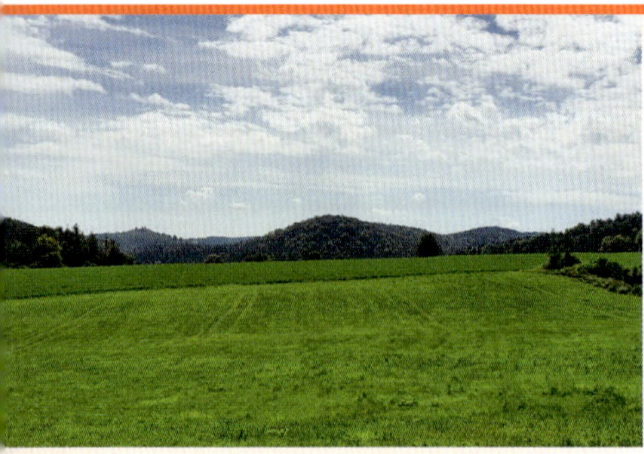

Feldflur oberhalb von Allersburg

Die Wanderung startet in Allersburg an der Wehrkirche St. Michael. ❶ Diese gehört zu den ältesten im Bistum Regensburg und geht auf das 9. Jahrhundert zurück. Beachtenswert ist die mittelalterliche Befestigung des Friedhofs mit Schießscharten. Von der Kirche aus folgen wir der Jurasteig-Markierung nach Norden. Auf einem geschotterten Feldweg geht es parallel zum Hausener Tal, das rechts unter uns liegt. Nach einem kurzen Stück biegt der Jurasteig scharf nach rechts ab, wir gehen stattdessen geradeaus ohne Markierung weiter. Wir passieren ein Feldkreuz an einer Scheune ❷ und wandern zunächst am Waldrand entlang. Der Weg windet sich dann zwischen Äcker hindurch, ehe er uns in einen Wald bringt.

Immer auf dem Feldweg bleibend treten wir bald aus dem Wald heraus und sehen Malsbach vor uns liegen. Wir wandern durch die Feldflur ins Hausener Tal hinab. Bei den ersten Häusern gehen wir nach rechts nach Malsbach hinein. Auf der Teerstraße biegen wir anschließend nach links ab und wandern an der Dorfkapelle vorbei durch den Ort. ❸ Wir kommen zu einer Kreuzung mit drei Wegen und wählen den linken. An der gleich da-

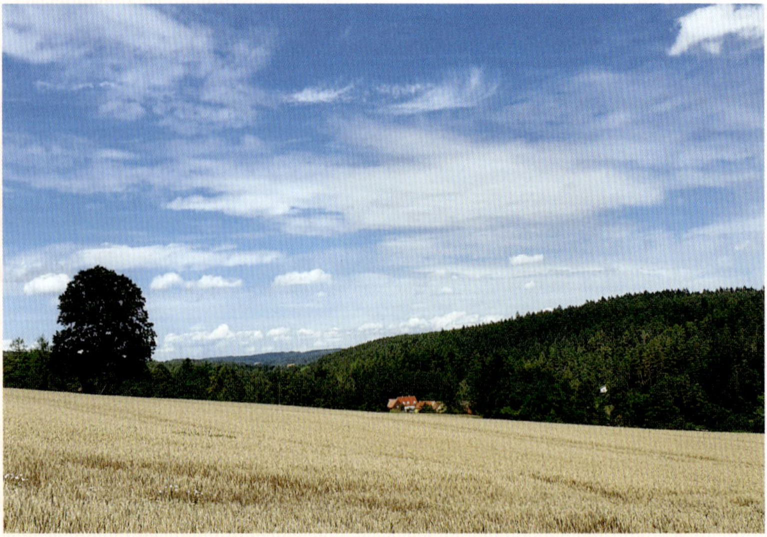

Blick auf Malsbach

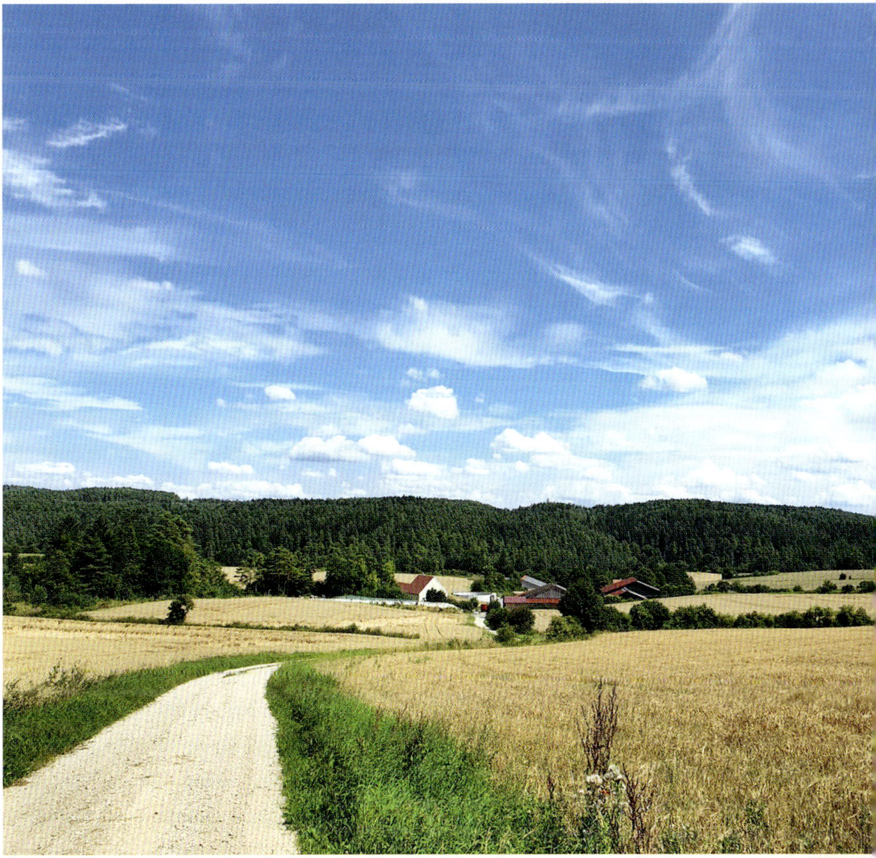

Blick zurück ins Hausener Tal

rauf folgenden Gabelung nehmen wir den rechten Abzweig und bleiben auf der Teerstraße.

Wir marschieren an einem Bauernhof vorbei und wandern dann auf einer Schotterstraße bergauf aus dem Hausener Tal hinaus. Am Waldrand entlang geht es weiter bergan. Auf der Anhöhe biegen wir links ab und wenden uns gleich darauf nach rechts. Nun wandern wir leicht bergab auf eine Weggabelung zu, an der wir links abbiegen und nach ca. 100 Metern auf die Markierungszeichen des Jurasteigs treffen. 4

Wir folgen dem Jurasteig und gehen mit ihm geradeaus am Malsbacher Berg entlang. Wir wandern ein Stück durch den Wald und bie-

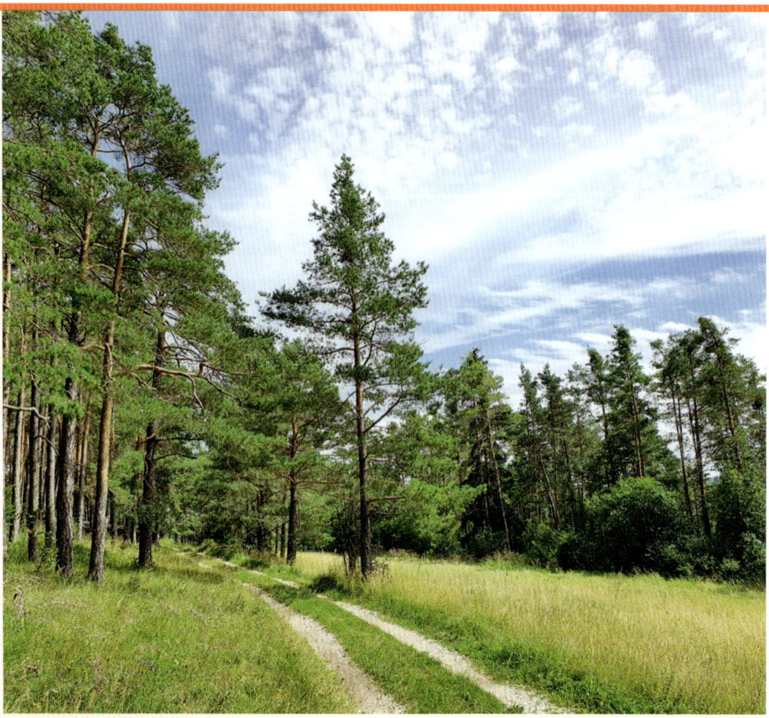

Mediterran anmutender Kiefernwald auf dem Jurasteig

gen an einer Kreuzung nach links ab. Auf einem schmalen Pfad, der hin und wieder auch etwas breiter wird, geht es eine Zeit lang durch einen herrlichen, relativ offenen Kiefernwald. Einzelne Wacholderbüsche, zahlreiche Blumen und viele Schmetterlinge verleihen diesem Abschnitt besonders im Sommer einen einzigartigen Zauber.

Blick vom Weinberg

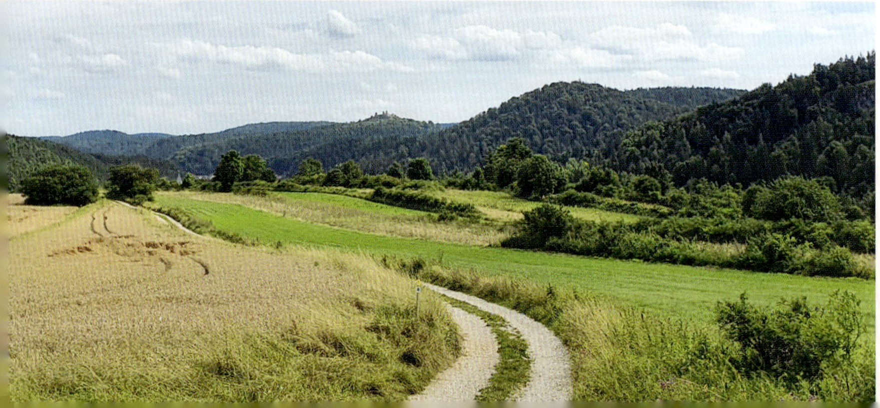

Schließlich treffen wir auf eine Forststraße, auf die wir links abbiegen, um sie dann nach ca. 200 Metern wieder nach links zu verlassen. Bald darauf lassen wir den Wald, der am Schluss regelrecht mediterran wirkt, hinter uns. Auf dem sog. Weinberg stoßen wir auf eine Sitzgruppe, ein Feldkreuz und eine langen bergab in einen schattigen, von Obstbäumen flankierten Hohlweg. Dieser bringt uns zurück nach Allersburg. Unterhalb der Kirche biegen wir links ab, oder wir steigen die Treppen zu Kirche und Friedhof empor, um wieder zum Ausgangspunkt der Tour zu gelangen.

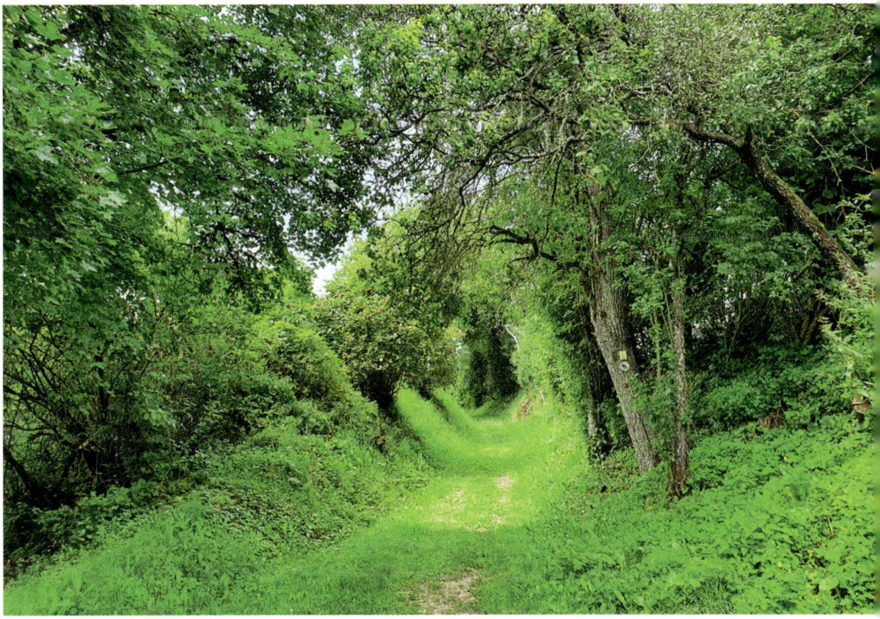

Hohlweg vor Allersburg

Hörstation des Naturparks Hirschwald. 5 In der Ferne ragt die Burgruine Hohenburg auf. Wir biegen nach rechts ab. Der Weg bringt uns durch eine kleinstrukturierte Feldflur Richtung Allersburg, dessen Kirchturm ebenfalls ins Blickfeld kommt. Bei einem weiteren Feldkreuz biegen wir nach rechts ab und ge-

## Essen/Einkehren:

Keine Einkehrmöglichkeiten in unmittelbarer Nähe der Wander-Route vorhanden, nächste Einkehrmöglichkeiten in Heimhof.

# Durch das Birgland zum Haintal

**Mittel**

**11,8 km**

**↓↑ 257 m**

**3 Std.**

**Mennersberg – Ödhaag – Aicha – Betzenberg – Haintal – Mennersberg**

Waldreiche Tour mit einem Abstecher ins Birgland.

**Markierung:**
Gelbkreuz, Birglandrundwanderweg, Blaukreuz

**Parken:**
Parkplatz am Sportgelände des TuS Kastl bei Mennersberg

**Tourist-Information:**
Rathaus Kastl
Marktplatz 1
92280 Kastl
Tel. 09625 92040

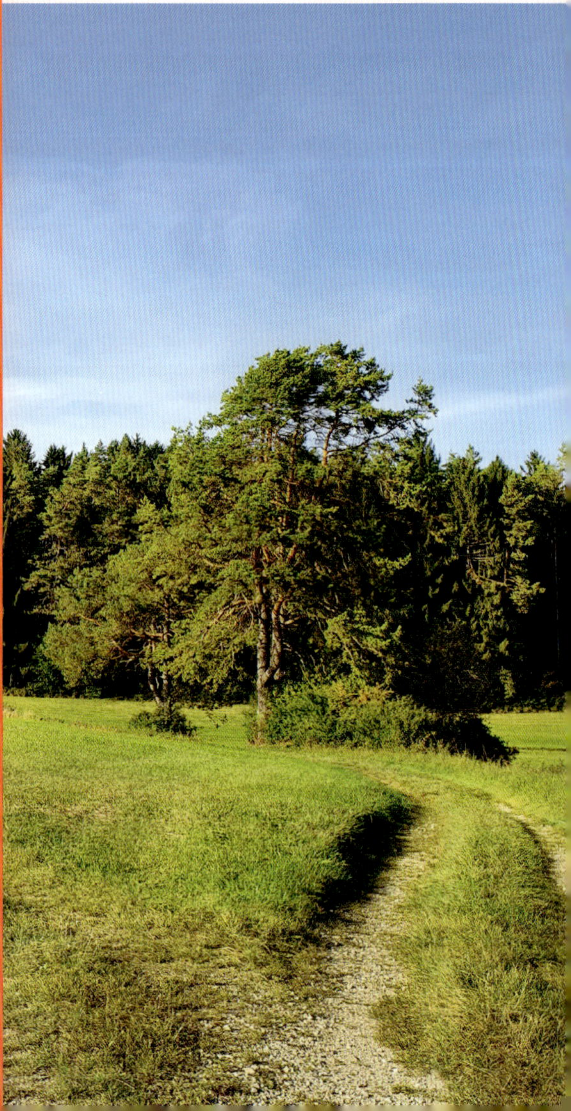

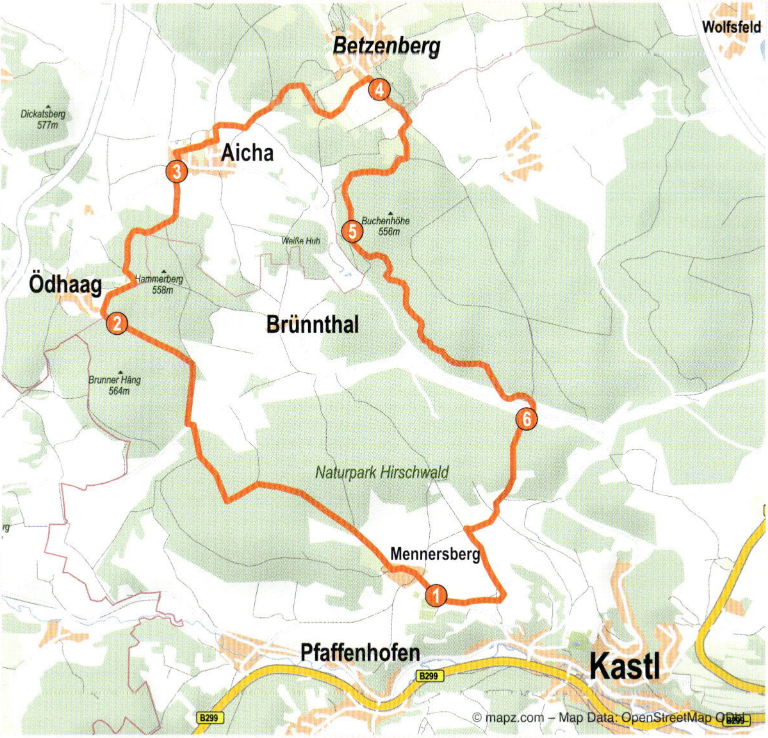


1. Sportanlage Mennersberg – Start/Ziel
2. Ödhaag
3. Aicha
4. Betzenberg
5. Osterloch
6. Haintal

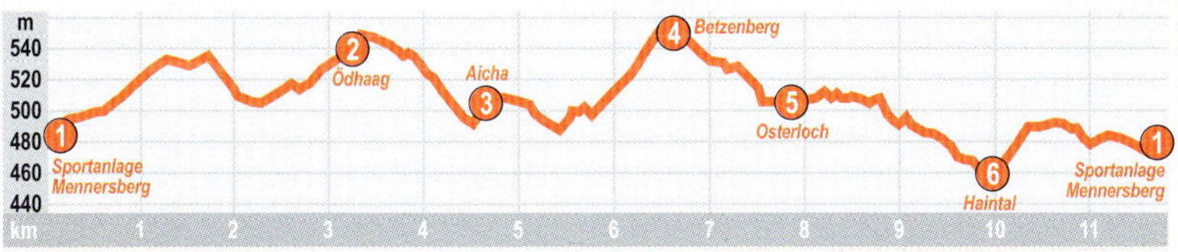

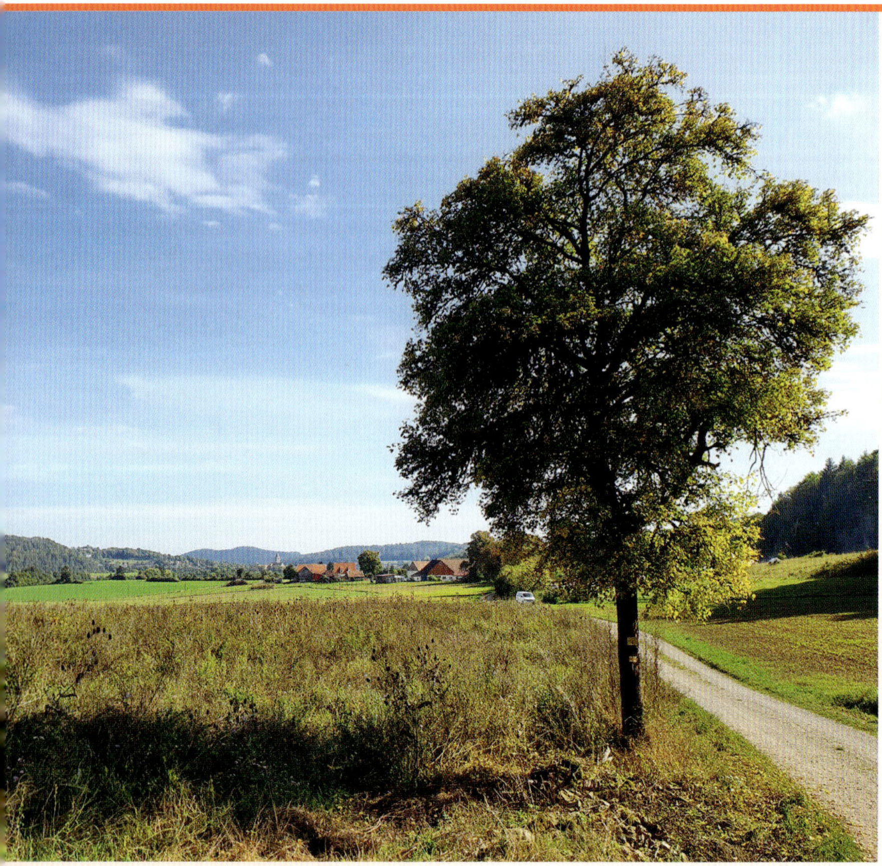

Blick auf Mennersberg

Wir starten die Tour am Sportgelände des TuS Kastl ❶ und wandern mit der Markierung gelbes Kreuz durch Mennersberg in Richtung Wald. An der Gabelung am Waldrand nehmen wir den linken Abzweig und wandern gerade in den Wald hinein. Die Forststraße bringt uns entlang des Herrenbergs durch einen schönen Buchenwald. In einer Rechtskurve nehmen wir nicht den einmündenden Abzweig, sondern halten uns rechts, um auf dem Forstweg zu bleiben.

Wir treten anschließend aus dem Wald heraus, überqueren eine kleine Teerstraße geradeaus und gehen ein Stück am Waldrand entlang. Mit einer Linkskurve leitet uns die Markierung wieder in den Wald. Rechts können wir einen Blick auf den Weiler Brünnthal werfen. Wieder wandern wir durch einen Wald mit hohem Laubholzanteil.

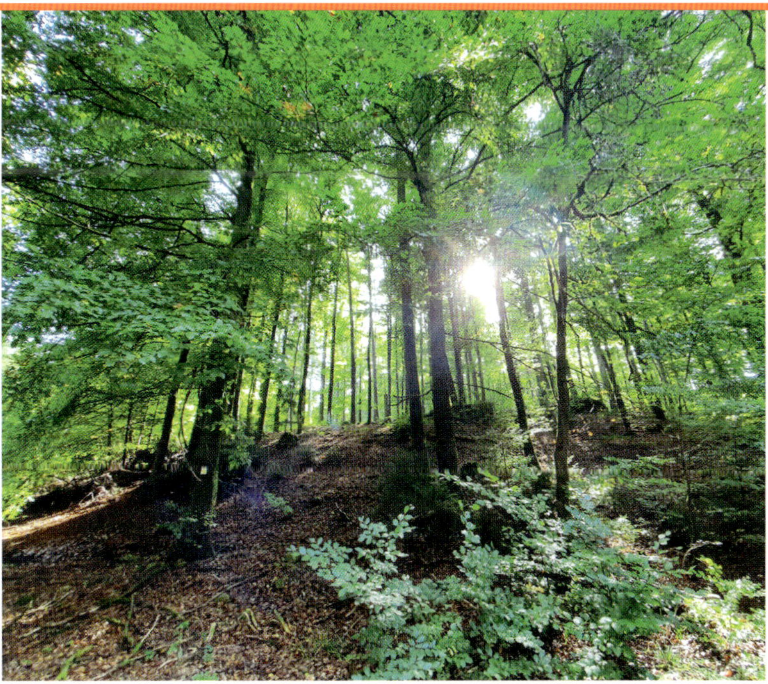

Wald am Herrenberg

Bald erreichen wir Ödhaag. 2 Das kleine Dorf liegt in der Gemeinde Birgland und gehört nicht mehr zum Naturpark Hirschwald. Hier verlassen wir die Markierung gelbes Kreuz und folgen dem Symbol des Birglandrundwanderwegs. Dieses weist uns an der Straßenkehre nach rechts an einem eingezäunten Grundstück entlang. Vorbei an einer Wiese geht es geradeaus in den Wald, um nach ca. 100 Metern links abzubiegen. Der Weg führt uns leicht bergab, bis wir bei einer Bank nach rechts abzweigen. Auf einem weichen Waldweg windet sich unsere Route durch einen Kiefern- und Fichtenforst. Schließlich verlassen wir den Wald und marschieren auf einem Feldweg nach Aicha hinauf. 3

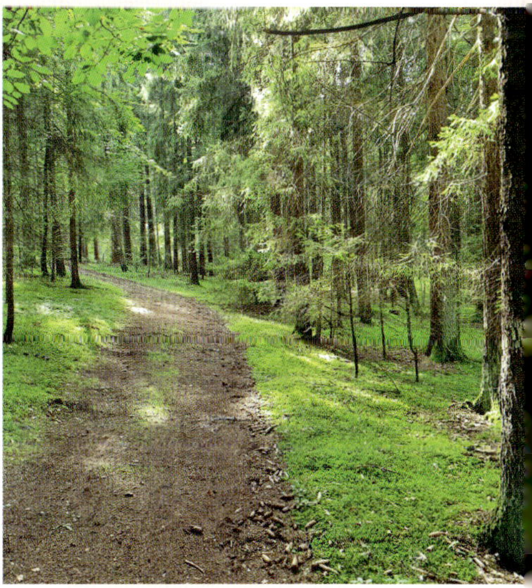

Auf dem Birglandrundwanderweg vor Aicha

In der Ortschaft biegen wir zunächst nach rechts auf die Teerstraße ab, dann nach links, bis wir beim Bushäuschen abermals der Markierung nach rechts folgen. Vorbei an der Textil- und Kunstwerkstatt wenden wir nach rechts. Nach einer Waldwiese und ein paar Felsen stoßen wir auf eine Schotterstraße, auf die wir nach links abbiegen. Bergauf geht es nun durch Felder nach Betzenberg. Bei den ersten Häusern knickt der

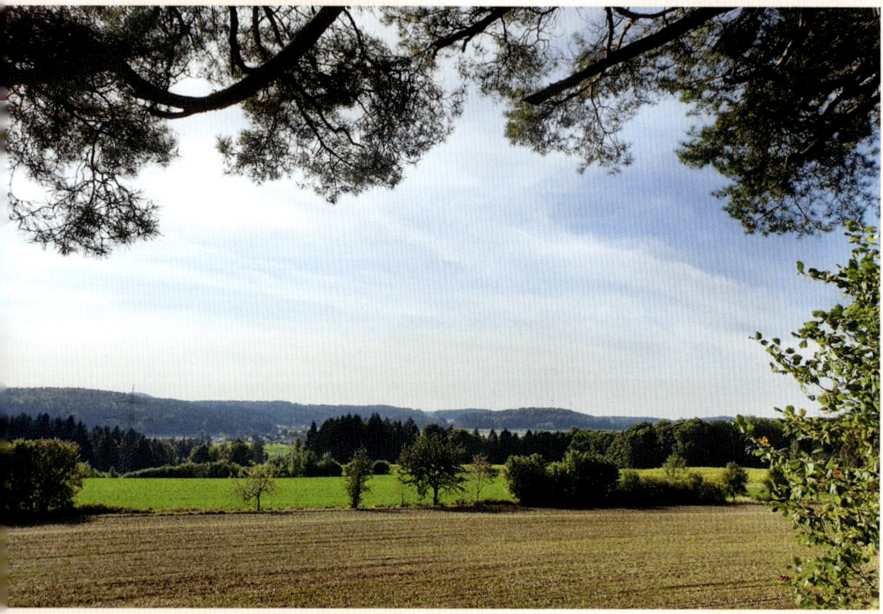

Blick von Betzenberg nach Aicha

uns am Ende des kleinen Bauerndorfs nach links auf einen gepflasterten Weg. An der nächsten Kreuzung geht es rechts auf dem Schotterweg an der Hochspannungsleitung entlang, um dann anschließend gleich wieder links abzubiegen. Unter der Stromleitung hindurch wandern wir geradewegs in den Wald hinauf.

Im Wald verlassen wir nach ca. 50 Metern die Forststraße und nehmen den Waldweg Birglandrundwanderweg nach links ab. 4 Wir gehen aber rechts ohne Markierung weiter und wandern auf einer schmalen Teerstraße am Waldrand entlang. Von hier aus haben wir einen schönen Ausblick auf Aicha und die kleinteilige Kulturlandschaft zwischen Kastl und dem Birgland.

Beim Ende des Waldes wenden wir uns bei einem einzelnen Birnbaum nach rechts. Nach etwa 50 Metern geht es bei einem Geräteschuppen wieder nach links. Unsere Route führt nun wieder am Waldrand entlang, bis wir gleich darauf auf eine Forststraße treffen, auf die wir nach rechts abbiegen. Diese schlängelt sich in zahlreichen Bögen und Kurven durch den Wald. Wir kommen am sog. Osterloch vorbei. 5 Diese Höhle ist ein archäologisches Bodendenkmal mit bronzezeitlichen, urnenfelderzeitlichen, latènezeitlichen und mittelalterlichen Funden. Die Tour führt uns weiter oberhalb des Haintals am Hang entlang. Im weiteren Verlauf wird der Wald allmählich offener, und wir

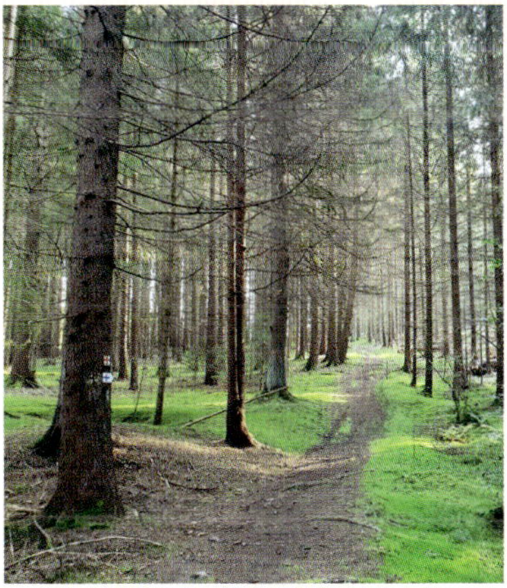

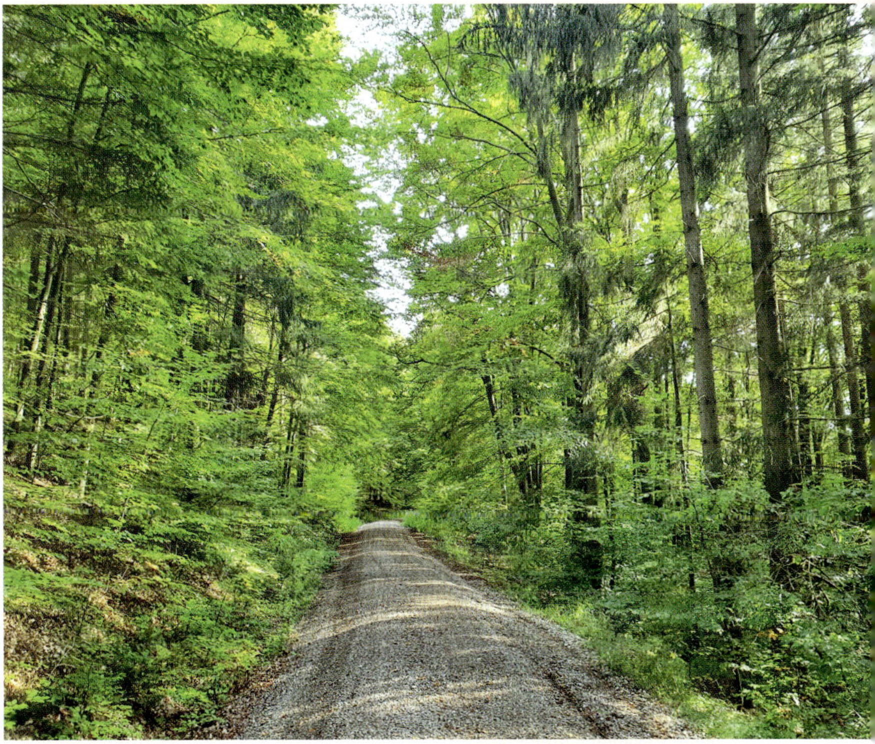

Über dem Haintal

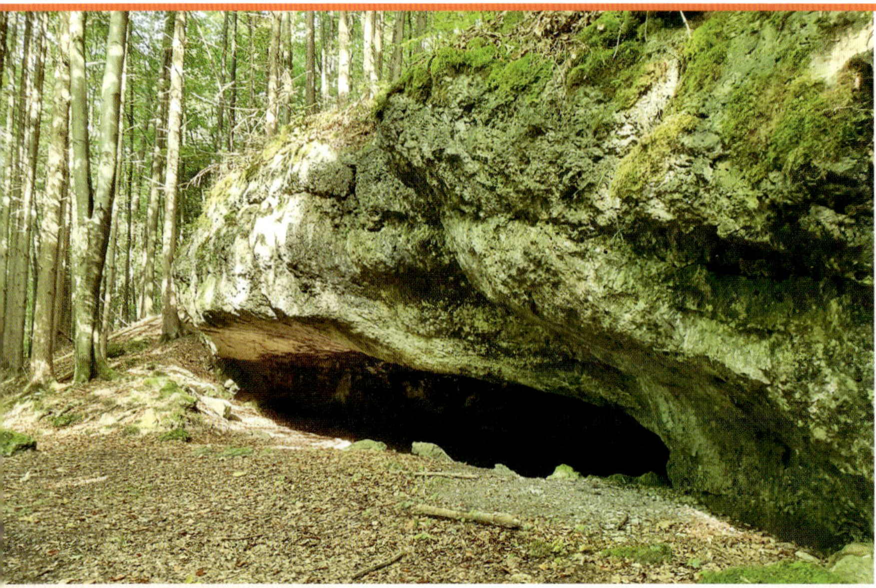

Das Osterloch

können bisweilen das Haintal rechts unter uns erahnen. Es geht immer weiter bergab, bis wir die Talsohle erreicht haben. 6 Hier stoßen wir auf die Markierung „blaues Kreuz“, überqueren das Tal und gehen den gegenüberliegenden Hang hinauf. Dabei folgen wir nicht der Forststraße, sondern nehmen den naturbelassenen Pfad geradeaus durch einen dichten Fichtenwald. Auf der Anhöhe angekommen verlassen wir den Wald und wandern über Wiesen und Felder mit Hecken und kleinen Feldgehölzen. Links von

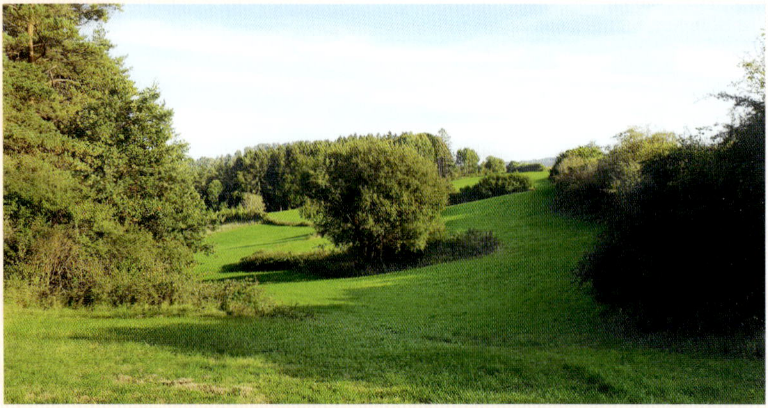

Kleinteilige Feldflur auf der Jurahochfläche

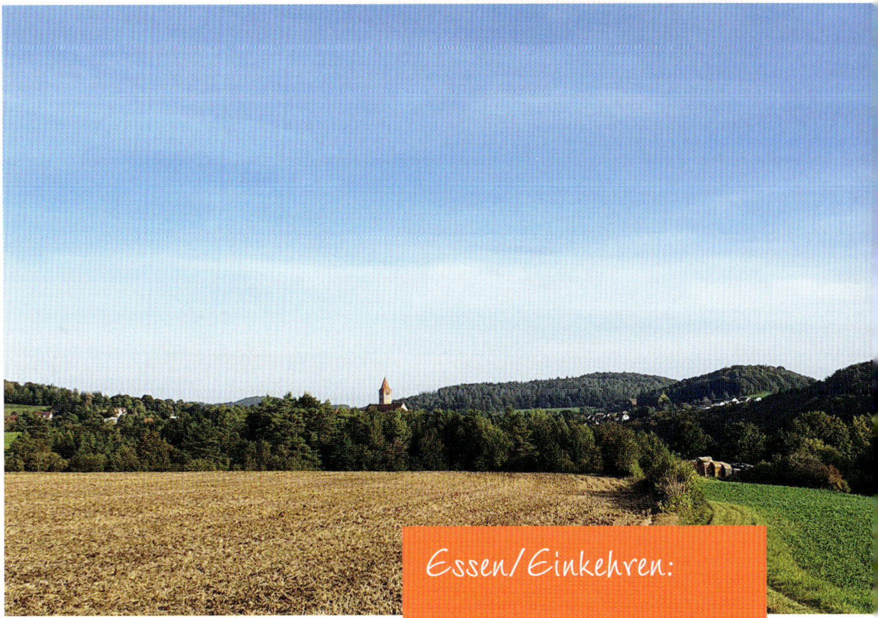

Blick zur Klosterburg Kastl

uns taucht bereits der Turm der Kastler Klosterburg im Blickfeld auf.
Wir kommen zu einer Kreuzung, an der eine Bank steht. Hier wandern wir geradeaus Richtung Mennersberg, um an der nächsten Kreuzung nach links abzubiegen. Wir wandern weiter durch eine kleinteilige Hecken-Felder-Wiesen-Landschaft. Nach einer Rechtskurve bringt uns die Markierung an einer Feldscheune vorbei und führt uns zur Verbindungsstraße Kastl-Mennersberg, auf die wir nach rechts abbiegen. So kommen wir wieder zum Ausgangspunkt unserer Wanderung zurück.

## Essen/Einkehren:

**Land-gut-Hotel-Forsthof**
Amberger Str. 2
92280 Kastl
Tel. 09625 92030
www.hotel-forsthof.de

**Pizzeria Cappuccino-Station**
Amberger Straße 26
92280 Kastl
Tel. 09625 7409036
https://cappuccino-station.business.site

**Gasthof Schwarzer Bär**
Marktplatz 13
92280 Kastl
Tel. 09625 562
www.schwarzer-baer-kastl.de

# Impressum

**Texte:**
Hubert Zaremba

**Kartografie:**
Battenberg Gietl Verlag GmbH, Andreas Preßl

**Abbildungen:**
Falls nicht anders angegeben: Hubert Zaremba
- Titel (1. Bild-Zeile, rechts, 4. Bild-Zeile, Mitte), S. 2, 9 (unten), 20 (oben), 26 (unten), 105 © Peter Neunteufel
- Titel (2. Bild-Zeile, rechts, 3. Bild-Zeile, links), S. 14, 21, 68 (oben), 94, 100, 103, 106 (unten), 107 © Regina Wolfohr
- Titel (1. Bild-Zeile, Mitte, 4. Bild-Zeile, rechts), S. 72 (oben) © Stefan Gruber
- S. 2 (oben) © www.bayern.by / Carolin Thiersch
- S. 3 (oben) © Willi Krieger
- S. 8, 67 (oben) © Naturpark Hirschwald e. V.
- S. 10 (oben), 58 © Dominik Geisler
- S. 11 (unten) © Mirko Fikentscher
- S. 22 © Wolfgang Steinbacher
- S. 24 © Albert Kräuter
- S. 31 (oben) © Tanja Bauer
- S. 66 © Thorsten Günthert
- S. 69 (unten) © Marco Kleindienst
- S. 74 (unten), 102 © Archiv Landkreis Amberg-Sulzbach
- S. 97 (oben) © Manfred Schormüller

Bibliografische Information der Deutschen Nationalbibliothek

Die Deutsche Nationalbibliothek verzeichnet diese Publikation in der Deutschen Nationalbibliografie; detaillierte bibliografische Daten sind im Internet über http://dnb.dnb.de abrufbar.
ISBN 978-3-95587-084-3

MIX
Papier aus verantwortungsvollen Quellen
FSC® C014138
FSC www.fsc.org

Für uns, die Battenberg Gietl Verlag GmbH mit all ihren Imprint-Verlagen, ist Nachhaltigkeit ein wichtiger Teil unserer Unternehmensphilosophie. Daher achten wir bei allen unseren Produkten auf den Einsatz umweltschonender Ressourcen und Materialien.
Dieses Buch wurde auf FSC®-zertifiziertem Papier gedruckt. FSC (Forest Stewardship Council®) ist eine nicht staatliche, gemeinnützige Organisation, die sich für die verantwortungsvolle und ökologische Nutzung der Wälder unserer Erde einsetzt.

Unsere Partnerdruckerei kann zudem für den gesamten Herstellungsprozess nachfolgende Zertifikate vorweisen:
- Zertifizierung für FOGRA PSO
- Zertifizierungssystem FSC®
- Leitlinien zur klimaneutralen Produktion (Carbon Footprint)
- Zertifizierung EcoVadis (die Methodik besteht aus 21 Kriterien in den Bereichen Umwelt, Einhaltung menschlicher Rechte und Ethik)
- Zertifikat zum Energieverbrauch aus 100 % erneuerbaren Quellen
- Teilnahme am Projekt „Grünes Unternehmen" zum Schutz von Naturressourcen und der menschlichen Gesundheit

1. Auflage 2022
ISBN 978-3-95587-084-3

www.battenberg-gietl.de